# 여론조사의 역설

# 여론조사의 역설

신창운 지음

리북

※ 이 책은 관훈클럽정신영기금의 도움을 받아 저술·출판되었습니다.

서문

## 무엇이 인간을 만드는가

《무엇이 인간을 만드는가》제롬 케이건 저·김성훈 역, 책세상, 2020라는 책을 감명 깊게 읽었다. 은퇴한 미국의 심리학자가 '무엇을 안다는 건 대체 무슨 의미일까'라는 근본적 질문을 두루 살펴보고 있는 책이다. 자신의 전공 분야인 심리학에 기초하고 있지만, 각주가 필요하지 않게끔 알기 쉽고 평이한 문체로 답변을 작성하고 있다. 책 서문에서 몽테뉴의 《수상록》*Les Essais*을 언급하고 있는데, 그래서인지 전문서가 아니라 마치 한 편의 에세이를 읽는 느낌이었다.

턱없이 허황한 바람이겠지만, 오래전부터 여론조사와 관련해 이런 방식의 글쓰기를 할 수 없을까 고민했다. 일반 대중에게 쉽게 다가갈 수 있는, 적어도 어렵거나 딱딱한 용어를 피하면서 가식적이지 않게 또 애매하지 않게 솔직한 생각을 쓰는 형식 말이다. 아, 물론 이 책이 그렇다는 건 절대 아니다.

이 책은 '여론과 멀어지는 여론조사', 나아가 '여론이 빠져 있는 여론조사'의 역설을 다루고 있다. 여론조사의 심각한 위기는 어제오늘 일이 아니다. 필자 역시《여론다움: 여론다운 조사 여론답게 보도》리북, 2024란 책을 통해 다룬 적이 있지만, 여론조사 이해관계자들도 널리 공감하고 있을 것이다. 비슷한 문제의식에서 출발해 여론을 제대로 담아내야 할 여론조사가 본연의 기능과 역할에서 점점 멀어지고 있는 현실을 조망하고자 했다.

## AI가 제안한 차례 구성안

이 책의 구상은《여론다움》을 낼 때부터였지만, 구체적인 내용이나 챕터 구성은 한참 동안 막연한 상태였다. 생성형 인공지능AI 검색을 통해 도움을 받고자 했다. 전체적 구성은 달리했지만, 세부 내용이나 서술 측면에서 결과적으로 커다란 참고가 되었다.

인공지능에 대해선 초보 수준을 벗어나지 못하고 있다.

수십 개가 넘는 생성형 AI 중 겨우 몇 개를 사용해 봤을 뿐이고 유료 구독을 한 적도 없다. 만약 관련 전문가가 보면 뭐 그 정도 갖고 그러냐고 할 수 있겠지만, 적어도 초보 수준에선 매우 유익한 결과물을 접할 수 있었다. 이 책의 제목, 즉 '여론조사의 역설'과 관련해 엔트로픽Anthropic PBC 언어 모델 클로드Claude Sonnet 4가 제안한 차례를 참고로 소개한다.

> 1부 여론조사의 기원과 변화
>> 1. 여론조사의 탄생: 갤럽에서부터 빅데이터까지
>> 2. 황금기의 종말: 언제부터 틀어지기 시작했나
>> 3. 디지털 시대의 충격: 전화조사의 한계와 온라인의 함정
> 2부 방법론 위기
>> 4. 표본의 왜곡: 누가 설문에 응답하는가
>> 5. 무응답 편향: 침묵하는 다수의 문제
>> 6. 스마트폰 시대의 접촉 불가능성
>> 7. 가중치의 마법과 한계: 통계적 보정의 딜레마
> 3부 사회 변화와 여론의 복잡성
>> 8. 개인화된 미디어 환경과 파편화된 여론
>> 9. 소셜미디어 에코 챔버(반향실 효과): 진짜 여론은 어디에 있나

10. 정치적 양극화와 숨겨진 선호

11. 세대 갈등과 소통 단절: 젊은 세대는 왜 조사를 거부하는가

4부 여론조사 산업의 구조적 문제

12. 속도와 정확성의 딜레마: 24시간 뉴스 사이클의 압박

13. 의뢰기관의 입김: 중립성 대 상업성

14. 언론의 여론조사 남용과 오독

15. 예측의 정치학: 여론조사가 여론에 미치는 영향

5부 대안과 미래

16. 빅데이터와 AI: 새로운 해법인가, 또 다른 함정인가

17. 참여형 민주주의와 시민패널의 가능성

18. 해외 사례: 다른 나라는 어떻게 대응하고 있나

19. 여론조사 개혁의 방향: 투명성과 책임성을 중심으로

20. 민주주의의 미래: 여론 없는 여론조사, 조사 없는 여론

## 여론조사, 응답자, 예측 실패

이 책은 크게 3개 부분으로 구성되어 있다. 1부에선 지금까지 우리가 알고 있는 여론조사의 정체성을 근본에서부터 따져 보는 내용을 담았다. 있는 그대로의 '찐 여론'을 잡아내고자 애쓰는 소수의 여론조사 대신 고객이 원하는

가짜 여론을 얼마든지 제공하겠다는 여론조사가 판을 치는 역설적 상황을 살펴보고 있다. 단순한 측정 도구에서 벗어나 예측과 조작의 전장 도구로 변질되고 있는 안타까운 현실 말이다.

2부에선 어떤 여론조사든 응답자의 응답에 기초해야 할 텐데 그런 응답자가 턱없이 줄어들거나 사라지고 있음을 지적하고 있다. 지금 우리는 많은 데이터를 소유하고 있지만, 점점 더 적은 응답자에게 의지하고 있다. 알다시피 여론의 진실은 모델이나 실사Fieldwork의 정밀함보다 누가 포함되고 배제되느냐에 따라 좌우될 가능성이 짙다. 소수의 적극적 응답자가 전체 응답자를 대표하지 못하는 상황에서 초래된 여론조사의 구조적 문제점이 만연하고 있는 게 현실이다.

3부에선 여론조사를 통한 선거 예측 실패를 다루고 있다. '내로남불'의 전형으로 꼽히고 있는 것이 여론조사다. 조사의 질과 상관없이 자신에게 불리한 조사는 문제가 많고, 유리한 조사는 문제가 없다고 인식한다. 또한 쉽고 편리하면서 비용까지 저렴한, 게다가 빠르기까지 한 여론조사에 의존한다. 값싸고 빠른 예측이 좋은 민주주의를 의미하지 않는 건 주지의 사실이다. 그런 여론조사로 정당 후보를 선출하고 선거 전략을 짜고 선거 예측을 한다면 지나가던 소가 웃을 일이 아닐 수 없다.

짐작한 대로 여론조사에 대한 비관적 혹은 부정적 인식을 담고 있는 책이 맞다. 현역으로 있을 때 뭐하고 은퇴한 지금 그러냐는 비아냥이 있을 것이다. 현실은 배제한 채 관념이나 도덕에 치중하고 있는 건 아닌가 비판받을 수도 있다. 상당 부분 동의한다. 나이가 들수록 과거에 집착하고 현명함마저 퇴색하는 게 아닐까 두려운 마음도 있다. "도덕이라는 건 분명 멋진 관념이지만, 누군가는 이익을 볼 거란 사실을 받아들이는 게 현명"할지도 모르겠다.

**후회와 아쉬움… 감사**

관훈클럽정신영기금의 저술·출판 지원 대상자로 선정된 건 지난해 8월 말쯤이었다. 당시 페이스북에 "또다시 후회와 아쉬움을 추가하겠지만, '이번엔'이라고 다짐해 봅니다"라는 각오를 적었었다. 사전 기획은 물론 예전에 발간했던 책과 형식을 달리하는 등 나름의 노력을 했지만, 여전히 부족하고 부끄러운 책을 추가한 꼴이 됐다.

그럼에도 여러 분들에게 신세를 졌고 그래서 감사 인사를 드릴 수밖에 없다. 한국여론평판연구소 현경보 대표, 송근섭 박사의 호의와 격려에 감사드린다. 일일이 이름을

밝힐 수 없지만, 여러 친구와 지인들에게도 감사 인사를 드리고자 한다. 아내를 비롯한 우리 가족들은 늘 사랑과 함께 든든한 힘을 주고 있다. 고맙다. 어려운 출판계 사정에도 불구하고 선뜻 출판을 맡아준 이재호 리북 대표에게 또다시 신세를 지게 돼 송구스럽고 감사하다는 인사를 드린다. 끝으로 출판을 지원해 준 관훈클럽정신영기금에 감사드린다.

2025년 11월

신창운

차례

서문 • 5

# 1부 여론조사란 무엇인가

1-1 여론조사 홍수라는데 여론이 존재하지 않는다 ......... 17
1-2 대학로 KGSS 대 여의도 ARS ......... 27
1-3 찐 여론 이기는 양극화 여론 ......... 40
1-4 여론조사는 특종과 주인공에서 빠져라 ......... 55
1-5 "여론조사란 무엇인가" 되물어라 ......... 64
1-6 여론조사는 사라질 것인가 ......... 72
1-7 거짓말쟁이 혹은 나르시시스트 ......... 81

# 2부 여론조사 응답자를 찾습니다

2-1 그 많던 응답자는 누가 다 먹었을까 ......... 93
2-2 무시할 수 없는 무응답 ......... 100

2-3 "반드시 투표하겠다"고 해 놓고 기권하는 유권자 ···· 109
2-4 '조금 잘하는' 대통령, '조금 잘못하는' 대통령 ········· 114
2-5 '전혀 동의하지 않는다'는 0%일까, -100%일까 ······ 120

# 3부 예측 실패의 여론조사 정치학

3-1 여론조사 통한 선거 예측 성공, 잊거나 무시해야 ···· 131
3-2 총선 여론조사 공표금지 그리고 "잔치는 끝났다" ···· 143
3-3 2024년 총선 출구조사 실패 '알쓸신잡' 10문 10답 ···· 153
3-4 "여론조작, 선거 결과 두고 보자"는 김어준에
   무관심한 이유 ························································· 165
3-5 여론조사꽃의 대선 예측 대 한국갤럽의 예측 외면 ···· 172
3-6 힐러리 클린턴 대통령? 카멀라 해리스 대통령? ······ 183

# 1부

## 여론조사란 무엇인가

## 1-1

# 여론조사 홍수라는데
# 여론이 존재하지 않는다

 평상시에도 넘쳐나는 게 여론조사다. 대통령이나 국회의원, 지방자치단체장 등을 뽑는 선거를 앞두곤 거의 홍수를 방불케 한다. 그래서 여론조사란 말만 들어도 기겁을 하는 사람들이 적지 않다. 방법론적 엄밀성은 관심이 없고 따질 겨를도 없다. 내로남불, 즉 자신의 유불리에 따라 조사에 대한 평가가 엇갈린다. 유리한 결과가 나온 조사는 문제가 없지만, 불리한 결과가 나온 여론조사엔 뭔가 문제가 있다고 판단한다. 여론조사를 의뢰한 사람은 물론 그 결과를 접하는 국민들도 그렇다. 워낙 많은 조사 결과를 접하다 보니 여론조사 자체의 문제점이나 한계에 대해 무신경하거나 무감각한 경우도 많다.

잘 알려져 있다시피 여론조사를 통해 수집된 결과는 근본적으로 한계가 있다. 전체 모집단 중 일부에 해당하는 표본에게 질문해서 얻은 결과이기 때문에 모수Parameter, 즉 전체 유권자가 어떻게 응답했는지 추정하는 수치를 획득한 것에 불과하다. 이 과정에서 표본 선정과 관련된 표집오차 및 무응답오차, 질문과 응답 과정에서 발생하는 다양한 오차들이 개입될 수밖에 없다.

게다가 현재 우리가 처해 있거나 직면하고 있는 조사 환경이 갈수록 척박해지고 있다. 응답자를 만나는 일부터 순조롭지 않다. 개인정보 보호에다 프라이버시 침해, 정보통신기술의 급속한 발달로 인해 대면은 커녕 전화를 통한 접촉마저 어려워졌지만, 이를 해결 극복하기 위한 투자와 노력은 턱없이 부족한 게 현실이다. 그런 와중에 값싸고 편한 방식으로 그저 단순한 수치를 얻어내는 데 불과한 여론조사가 마구 늘어나고 있는 실정이다.

어쩌면 다들 여론이란 실체가 없는, 즉 '여론조사라는 허상'에 목메고 있는지도 모른다. 그래서 박원호 서울대 교수가 '선거여론조사의 빛과 그늘'2021.12.이란 글에서 내린 결론을 무겁게 받아들여야 할 것이다.

우리가 충분히 날카롭다고 착각한, 그러나 실제로는 아무것도 벨 수 없는 값싸고 무딘 칼에 지나지 않는다는 것이 현실인지도 모른다.

여론조사를 통해 얻어낸 여론에 대한 박 교수의 비판적 인식이 새삼스럽지 않다.

## 피에르 부르디외의 세 가지 문제 제기: 하나의 의견? 동등한 가치? 물어볼 만한 질문?

(사회)조사방법론을 전공한 교수나 연구원을 비롯한 여론조사전문가들은 대부분 표본 선정과 질문지 작성에서 발생하는 각종 오차에 초점을 맞추고 있다. 또 그런 오차를 어떻게 하면 조금이라도 줄일 수 있을 것인지에 관심을 갖는다.

그런데 이들과 전혀 다른 관점을 지니고 있는 학자가 있다. 여론조사 자체가 안고 있는 근본적 문제점에 주목하고 있는 프랑스 사회학자 피에르 부르디외Pierre Bourdieu. 그는 여론조사를 통해 만들어진 여론의 존재 자체를 부정하고 있다. 구체적으로 여론조사가 가정하고 있는 다음 세 가지 전제를 문제 삼고 있다.

첫째, 모든 사람이 제각기 하나의 의견을 갖고 있는가에 대해서다. 달리 말해 하나의 의견을 생산하는 일이 누구에게나 가능한 일이란 전제 말이다. 민주주의적 감정과 충돌할 수 있겠지만, 질문에 관심이 없고 의견도 없지만 그저 물어보니까 답하는 사람이 적지 않다. 면접원 경험이 있는 연구자라면 그런 경우를 체험한 적이 있을 것이다. 조사 문답 상황을 녹음한 자료에서도 비슷한 사례를 쉽게 찾아볼 수 있다. 결국 존재하지 않은 여론을 억지로 만들어내기 위해 여론조사를 실시하는 경우가 있으며, 모든 사람의 의견을 제대로 수렴한 여론이 존재하기 어렵다는 얘기다.

둘째, 모든 의견이 동등한 가치가 있다는 전제에 대해서다. 부르디외는 "현실적으로 동등한 힘을 갖고 있지 않은 여러 의견을 수집하는 일, 즉 여론조사는 사실상 아무런 의미도 없는 인공물을 만들어내는 것에 불과하다"고 주장했다. 가령, 응답률이 그렇다. 어떤 여론조사에서 대통령 국정 수행 지지율이 40%로 나왔다면, 전체 국민의 대통령에 대한 지지율이 40%로 받아들여질 것이다. 그러나 만약 응답률이 10%라면 조사 대상자 90%가 갖고 있는 의견은 무효로 처리된다. 대통령 국정 수행에 대해 무관심하거나 답변하고 싶지 않다는 국민이 10명 중 9명에

달하지만, 그런 게 전혀 반영되어 있지 않은 것이 우리가 접하는 여론이라고 봤다.

셋째, 만인에게 동일한 질문을 던진다는 사실은 하나의 합의, 즉 '물어볼 만한 가치가 있는 질문'이란 동의를 암묵적으로 내포하고 있다. 하지만 모든 응답자들이 그런 전제에 동의했다는 근거가 어디에 있는가. 여론조사는 다분히 정치적 인물의 정치적 관심사와 연관되어 있고, 정치적 이해관계에 종속돼 정치 활동의 도구로 이용되는 경우가 대부분이다. 미국의 수도 워싱턴, 대한민국 서울 여의도 정치권의 관심사가 여론조사에 참여하는 응답자에게 통용될 것이란 전제가 깔려 있다. 동의하는 사람도 있겠지만, 그렇지 않은 사람이 더 많을 것이다. 이런 잘못된 전제 때문에 한층 양극화된 조사 결과가 일상적으로 발표되고 있고, 또 다른 한편에선 많은 잠재적 응답자들이 조사를 거절하는 양상이 심화되고 있다.

## 여론에 대한 무조건적 맹신이나 과신은 금물

부르디외는 여론의 존재로 인해 이익을 보는 사람들, 즉 권력 엘리트, 대기업, 이익 집단이 만들어낸 것이 여론이란 견해를 가지고 있다. 게다가 단순한 걸 좋아하는 언론이 이미 단순해진 데이터를 더욱 단순화하는 위험을 초래하고 있다고 봤다. 여론조사 이해관계자 다수가 그렇듯이 "학문이 차려주는 '근사한 식탁'여론에만 앉아 있을 뿐 학문의 '지저분한 주방'여론조사으로 들어가려 하지 않는다"고 싸잡아 비난하고 있다.

부르디외의 문제 제기 중 특히 세 번째 인식에 주목할 필요가 있다. 여론의 존재로 인해 이익을 보는 사람들이 있고, 그들이 대다수 여론조사의 실행 주체라는 점 말이다. 어쩌면 당연한 얘기지만, 여론조사는 돈이 있어야 기획, 실행이 가능하다. 주요 정당이나 대기업이라야 의뢰할 수 있고, 심지어 노동조합이 주체일 경우에도 대기업에 속한 노조여야 가능하다. 소위 '가진 자'들이 그들이 보고 싶은 여론을 만들어 내는 데 봉사하는 편향된 여론조사가 횡행할 가능성이 많다는 얘기다. 실제로 여론조사가 여론 혹은 의견을 파악하는 본래의 목적 못지않게 여론을 새롭게 형성하는 데 기여한다는 주장도 있다.

다양한 문제점이나 한계 때문에 여론조사를 줄이거나 폐기해야 한다는 게 아니다. 응답자인 국민들도 여론조사를 탓하기 전에 이에 적극적으로 응할 필요가 있다. 다만 여론조사와 이를 통해 수집된 여론에 대한 한계점을 인식하는 동시에 무조건적 맹신이나 과신을 경계해야 한다는 점을 강조하고 싶다. 특히 정치권 고객이나 이들과의 결탁 의심을 받는 다수 언론의 반성과 각성이 절실한 상황이다. 또한 이들의 갑질과 무리한 요구에 적절히 대응하지 못할 경우 조사 산업 자체가 한층 어려운 처지에 빠질 수밖에 없을 것이다.

민주주의의 미래를 걱정하는 목소리가 전혀 새삼스럽지 않은 요즘이다. 여론조사 분야에 한정해서도 그렇다. 각종 여론조사가 넘쳐나고 있지만, 그 속에 담겨 있는 여론의 존재와 진정성에 대한 의문 역시 둑을 허물고 있는 실정이다. 여론이 없는 여론조사도 문제지만, 객관적이고 중립적인 조사 없이 형성돼 널리 전파되고 있는 가짜 여론도 민주주의의 미래를 암울하게 만드는 데 기여할 수밖에 없다.

## '명태균 방지법' 발의로 본
## 여론 왜곡 및 조작

특히 선거 관련 여론조사가 그렇다. 2022년 국민의힘 20대 대통령 후보 경선 과정에서 불법 여론조사 조작 의혹을 받고 있는 명태균 씨 논란으로 인해 일반 대중의 불신이 한층 고조되고 있다. 중앙선거관리위원회 산하 중앙

선거여론조사심의위원회여심위에 따르면, 2024년 22대 총선 국면에서 실시된 여론조사 중 '조사 결과 왜곡 및 조작'이 24건, '거짓 및 중복 응답 유도' 등이 27건으로 집계돼 지난 2020년 21대 총선 때의 13건과 19건을 각각 초과한 것으로 드러났다. 여론조사의 탈을 쓴 가짜 여론 만들기 수법은 업계의 공공연한 비밀로 알려져 있다. 홍수를 걱정할 정도로 여론조사가 넘쳐나고 있지만, 제대로 된 여론이 존재할 수 없는 구조 혹은 조건을 갖추고 있는 셈이다.

여심위가 파악하고 있는 여론 조작 수법은 크게 네 가지로 분류할 수 있다.

첫째, 마사지. 성별 연령별 지역별 등 계층별 응답률이 고르지 않을 때 가중치를 부여하는데, 이를 왜곡하는 수법을 말한다. 2021년 9월 명태균 씨가 자신의 업체 직원 강혜경 씨에게 "젊은 애들 응답하는 계수를 올려서 홍준표 후보보다 윤석열 (후보가) 더 나오게 해야 한다"고 한 것이 여기에 해당한다. 명 씨는 "강 씨가 실수한 부분을 고치려고 한 것이고 나 혼자 보려고 만든 조사였다"고 반박했지만 말이다.

둘째, 표본 쿠킹Cooking. 무작위 표본에 특정 성향을 가진 집단을 섞는 방식이다. 자체적으로 구축하거나 외부에서 입수한 데이터베이스DB, 즉 이미 정치 성향이 확인된 집단을 조사 대상에 추가해 원하는 결과를 유도하는 것을 말한다. 우리에게 맡기면 어떤 결과든 만들어드릴 수 있다고 호언장담하는 업체들은 대개 이런 수법을 이용한다고 보면 된다.

셋째, 번호 따오기. 여론조사 실시 기간에 대량으로 전화번호를 확보해 특정 정당 및 후보 지지를 확보하는 방식이다. 여론조사 대상자인 정당 및 후보 측에서 이런 일을 저지르는 경우가 많다. 가령 22대 총선에서 전 군산시장애인체육회 관계자들이 더불어민주당 신영대 의원 선거운동을 돕겠다며 휴대전화 100여 대를 '여론조사 응답용'으로 개통한 혐의로 기소된 것이 대표적 사례다.

넷째, 거짓 응답 유도. 여론조사 전화가 걸려왔을 때 할당분을 채우지 못한 다른 성별 연령별 지역별 집단으로 허위 답변하게끔 하는 수법을 말한다. 민주당 정동영 의원이 2024년 지지자들에게 "20대들이 죽어라고 전화를 안 받는다. 여러분이 20대라고 해라"고 말해 논란이 됐다. 지방선거를 앞둔 2022년 4월 국민의힘 김광열 영덕군수 캠프 관계자들이 카카오톡 단체방에서 '특정 세대 여성으로 답변해 달라'는 취지로 답변을 유도한 것도 여기에 해당한다.

물론 거칠거나 과도한 표현일 수 있다. 그러나 적어도 선거 관련 여론조사에 한정할 경우 조사 결과 상당수가 고의 혹은 미필적 고의에 의해 왜곡하거나 조작한 산출물이라고 판단한다. 만약 그런 것들을 여론에서 제외한다면, 여론조사 홍수 속에서도 여론이 존재하지 않는다는 가설이 흔쾌히 받아들여져야 할지도 모르겠다.

## 1-2

# 대학로 KGSS 대 여의도 ARS

비단 사회조사 혹은 여론조사 분야에 한정된 건 아닐 것이다. 학술적 연구, 즉 소위 '아카데미즘'에 대비되는 흐름은 어떤 학문 분야에서나 존재한다. 몇몇 생성형 인공지능에 따르면, 아카데미즘에 반하는 부류엔 세 종류가 있다고 한다. 학문적 지적 권위나 학술적 태도를 경시하거나 배척하는 반지성주의Anti-intellectualism, 이론보다 실제 경험 및 효용을 중시하는 실용주의Pragmatism 또는 현장주의이하 '실용주의', 예술 분야에서 많이 찾아볼 수 있는 전통적이고 제도적인 규범에 반기를 들면서 혁신적, 실험적 경향을 추구하는 아방가르드Avant-garde 등이 그것이다.

사회조사 혹은 여론조사 분야 아카데미즘에 대비되거나 반하는 흐름은 위의 세 가지 중 두 번째에 가까운 것으로 볼 수 있다. 엄밀한 이론적 논의 대신 실제 경험 및 효용을 중시하는 실용주의. 여론조사 분야 아카데미즘과 이에 반하는 실용주의를 각각 대표하거나 적절하게 설명할 수 있는 이념적 사례를 고르거나 규정하는 일은 쉽지 않다. 어떤 경우든 논란의 여지가 있을 수 있기 때문이다.

여기선 편의상 혹은 설명의 용이성을 고려해 아카데미즘에 가깝거나 충실한 사례로 '한국종합사회조사', 이에 반하는 실용주의 사례로 '자동응답시스템' 방식으로 진행된 여론조사를 상정하고자 한다. 면접원을 활용한 전화여론조사를 별도로 구분 설정할 수 있지만, 광의의 실용주의 범주에 포함할 수 있다고 봤다.

### '잘 알려지지 않은 조용한 조사'
### 한국종합사회조사 KGSS

현재 우리나라에는 여론조사의 양대 흐름 혹은 여론의 두 얼굴이 존재한다. 한국종합사회조사 이하 'KGSS'와 자동응답시스템 이하 'ARS'을 이용한 여론조사가 그것이다. 이 둘은 조사 목적, 조사방법론 및 데이터 활용, 비용과 속도

등 여러 측면에서 서로 다른 철학과 실천을 보여 주면서 우리가 흔히 접하고 있는 여론조사의 양극단을 상징하고 있다.

학계, 즉 아카데미즘을 대표하거나 대변하는 KGSS는 '느리지만 깊은 탐구'를 모토로 하고 있다. 일반 국민이나 대중 매체, 정치권에겐 '잘 알려지지 않은 조용한 조사'다. KGSS는 2003년부터 성균관대학교 서베이리서치센터 주도로 국내 유수의 사회과학 분야 학자들이 참여해 매년 수행되고 있는 대규모 사회조사 프로젝트를 말한다. 미국의 '종합사회조사'GSS, General Social Survey를 벤치마킹해 시작되었으며, 우리 사회의 구조적 변화와 사회 현상을 심층적으로 이해하고 국제적인 비교 연구에도 활용될 수 있도록 설계해 수준 높은 데이터 수집 및 DB 구축을 목표로 하고 있다. 구체적으론 조사 목적의 학술성, 다단계 지역 확률 표집, 대면 면접, 응답자 대체 불가 및 직접 기입 금지, 정교한 설문지 구성, 높은 신뢰도와 공신력 등을 주요 특장점이자 자랑거리로 내세우고 있다.

한계점이 없는 건 아니다. 점점 사라져 가고 있는 대면 면접 방식은 조사원 훈련 및 이동, 응답자 방문 등에 많은 시간과 인력 비용이 소요되는 단점을 지니고 있다. 이로 인해 빈번한 조사 실시가 어렵고 결과 발표까지 상당한 시간이 걸린다. 개인정보 보호에 대한 민감도가 높아지면서 응답률이 낮아지고 있고, 그 결과 표본의 대표성 확보가 점점 어려워지고 있는 것도 애로사항이다. 이러한 한계점과 단점, 애로사항 때문인지 모르겠지만, KGSS는 2021년부터 실사 부문을 한국갤럽조사연구소에 의뢰해 실시하고 있다. 그 이전까지는 전국의 사회과학대학에서 선발한 대학생들이 아르바이트 실사 면접원으로 참여해 조사를 진행했다.

## 저비용, 빠른 속도, 높은 대중성
### 자동응답시스템 ARS

미디어와 정치권 고객에게 저비용 매력을 어필하고 있는 ARS는 대중성과 빠른 속도를 장점으로 내세우고 있다. 정치권이나 다양한 매체들이 저렴한 비용으로 즉각적인 여론을 파악하는 데 폭넓게 활용하고 있는 방식이다. 특히 선거철엔 매일같이 쏟아지고 있는 ARS조사 결과 홍수에 잠기는 경험을 하게 된다. 무작위로 생성된 휴대전화번호에 전화를 걸어 미리 녹음된 질문을 들려주고 응답자가 버튼을 눌러 답변하는 방식으로, 최근엔 무선통신 3사로부터 유료로 구입한 휴대전화 가상번호를 이용하는 경우도 늘어나고 있다.

ARS 역시 여러 가지 특장점을 가지고 있다. 가장 큰 특징은 조사 목적의 실용성인데, 특히 시간과 비용, 편의성 측면에서 그렇다. 아카데미즘 여론조사와 뚜렷이 대비되는 장점으로 볼 수 있다. 응답자의 익명성 보장과 이를 기반으로 솔직한 답변을 얻어낼 수 있다는 것도 자랑거리다.

그러나 뚜렷한 장점만큼이나 많은 논란거리와 한계점을 지니고 있다. 낮은 응답률과 표본의 대표성 문제, 응답자의 연령이나 정치적 성향에 따른 편향, 스마트폰 사용 비중 증가, 심층적이거나 다양한 질문에의 어려움, 특정 정당에 유리할 수 있다는 프레임, 여론 왜곡이나 조작에 수월하게 동원된 도구였다는 역사적 이력 등이 그것이다.

## 가까이 하기엔 너무 먼, 절벽에 가까운 간격

KGSS와 ARS를 바라보는 전문가들의 시각이 공통된 건 아니다. 그러나 KGSS는 사회를 깊이 들여다보는 렌즈를, ARS는 민심의 순간적 파동을 포착하는 레이더를 닮았다는 평가가 일반적이다. 명확한 장단점을 토대로 우월성을 단정하기보다 상호 보완적 관계로, 또 두 가지 방식의 장점을 결합해 통합적으로 접근할 필요가 있다는 점을 강조하기도 한다.

문제는 여론조사에 관한 아카데미즘과 실용주의가 사회 연구에 있어서 양적 접근과 질적 접근의 차이만큼이나 비록 서로 적대적이라고 할 수 없지만 상대방에 대해 잘 모르거나 모른 척한다는 것이다. 교수 및 연구자 단체인 한국조사연구학회나 조사회사단체인 한국조사협회 행사 등을 통한 친목 도모 수준의 교류가 전혀 없는 건 아니다. 그러나 이런 경우마저 ARS가 아니라 면접원에 의한 전화면접에 한정되어 있다. ARS를 주요 조사 방법으로 채택하고 있는 한국정치조사협회 소속사들은 개인적 교류를 제외하곤 아카데미즘과 거의 단절 상태인 것으로 알고 있다.

실제로 여론조사에 관한 아카데미즘과 실용주의는 조사 방법에 대한 인식이나 접근 방식에 대해선 서로의 체면을 생각해 침묵하거나 모른 척함으로써 거의 절벽을 마주하고 있는 듯한 간격을 보여 주고 있다. 여론조사에 있어서 아카데미즘과 실용주의가 첨예하게 부딪치고 있는 모습은 한신갑 전 서울대학교 사회학과 교수의 논문 〈혼합식 조사와 웹패널의 (옅은) 빛과 (짙은) 그늘〉《조사연구》

13권 3호: 1~31쪽에서 이미 확인한 바 있다. 이와 관련해선 여론조사 실용주의 쪽에 대해 공통적인 문제 인식을 지니고 있는 동료 학자들과의 연구물을 묶어낸《사회조사 자료의 질》한신갑 편저, 서울대학교출판문화원, 2015을 참고하기 바란다.

여론조사 실용주의를 실제로 현장에서 경험한 아카데미즘의 인상 혹은 소감은 앞서 언급한 한신갑 논문에서 잘 드러나 있다.

> 현재의 추세에서 가장 심각한 문제는 보통 '표본'이라고 할 때 기본적으로 가정하는 '모집단 전체를 대상으로 한 무작위 확률표본 추출'이라는 원칙과 이상에서 아무런 고민이나 방향 감각 없이 이탈해 가고 있다는 것이다. '어차피 제대로 못 한다', '원칙은 원칙일 뿐이다', '이 정도면 된다', '다들 이렇게 한다'는 식의 현실 논리는 결국 만들어내는 자료의 질에 관계없이 싸게 빨리 많이 만들면 된다는 논리로 이어지고, 그것을 효율성이라고 부른다면 그 효율성은 대표성과 체계성을 갖추지 못한 부실 공사의 효율성이다.

## '부실공사'라는 실용주의 위력과 지배력 강화 아이러니

아이러니는 여의도 정치권 고객들 때문에 만성적으로 시간과 비용 부족에 시달리고 있는 여론조사 실용주의가 아카데미즘을 늘 이겨왔고 앞으로도 그럴 것이란 사실이다. 아카데미즘이 수십 년간 지적해 왔던 할당표집이 실용주의 표본추출의 지배적 패러다임으로 여전히 맹위를 떨치고 있는 것도 오랜 논란거리다. 아카데미즘 입장에선 자포자기 혹은 차라리 외면하고 싶은 심정일 것이다.

KGSS는 특히 표본추출 방식에 있어서 여느 사회조사와 확실히 구분된다. 이 조사에 참여했던 서울대 박원호 교수에 따르면, "표본이 응답할 때까지 10번이고 20번 반복해서 찾아간다. 표본이 응답하지 않는다고 해서 다른 데서 표본을 가져오지 않는다는 말이다. 즉 '대체'를 하지 않는 게 핵심 포인트다. 일반 여론조사처럼 다른 표본으로 대체한 사람들만 모이면 부정확한 통계가 쌓이게 된다. 한국종합사회조사는 한번 주어진 표본을 쉽게 포기하지 않음으로써 대표성을 획득한다"고 한다.

이와 달리 ARS를 비롯한 통상적인 여론조사는 할당표집이라고 해서 목표로 정한 표본 크기를 충족할 때까지 계속 다른 전화번호를 돌려 표본을 채워간다. 응답률 5% 여론조사라면 20명에게 전화를 걸어 19명이 거부하고 1명이 조사에 응했다는 것이다. 한국사회과학자료원 김대훈 자료개발실장은 "이는 조사에 응하는 사람들만 응답하는 맹점이 있다"면서 "표본 대체가 적을수록 좋은 조사라고 할 수 있다"고 평가했다. 결국 20분의 1 확률로 응답한 사람들을 모은 대다수의 일반 여론조사는 표본을 대체하지 않는 KGSS 자료의 품질을 따라갈 수 없다는 말이다.

KGSS와 ARS는 마치 느림의 철학과 속도의 전략이 충돌하는 풍경을 보여 주고 있는 듯하다. 둘 중 어느 한쪽의 절대적 우위를 말하기가 쉽지 않다. 그러나 여론조사를 통해 얻어낸 숫자에만 주목할 것이 아니라 그 숫자를 만들어내는 맥락과 방식, 의도를 함께 읽어야 한다는 점을 감안한다면 한결 쉬운 선택이 가능할 것이다. 그런 점에서 존재 여부 자체가 퇴색되고 있는 KGSS에 비해 점점 위력을 더해가면서 대세가 되고 있는 ARS에 대한 한계를 인식하고 이에 대한 경계를 한층 강화할 필요가 있다고 생각한다.

## 불신의 설계자: (ARS) 여론조사와 정치

정치 고관여층이 주도하고 있는 양극화 여론에 대해선 다음 장에서 논의할 예정이다. 이들처럼 적극적으로 조사에 응하는 사람들을 잡아낼 수 있는 것이 ARS조사의 장점이라고 주장하는 경우가 있다. 그러나 박종희 서울대 정치외교학과 교수 겸 정치데이터센터장은 "응답해야 할 뚜렷한 이유가 있는 사람만 답변하는 아주 고약한 조사 방법"이라고 반박한다. 어느 한쪽을 편들 생각은 없다. 단지 고질적인 문제점에도 불구하고 ARS의 사용 빈도가 늘어날 뿐 아니라 용도가 한층 강화되고 있다는 점을 지적하고자 한다.

한겨레신문의 2025년 3월 19일자 보도에 따르면, 다수의 여론조사전문가들이 명태균 씨 등 문제적 여론조사가 난립하게 된 조건 가운데 하나로 ARS조사의 폐해를 꼽고 있다. 녹음된 기계 음성을 발신하는 ARS조사는 오래전부터 표본의 신뢰성과 대표성을 확보할 수 없는 부정확한 방식이란 것이다. 그럼에도 ARS는 중앙선거여론조사심의위원회에 등록된 조사의 70%를 차지할 정도로 높은 점유율을 보여 주고 있다. 비용이 싸고 빠르게 결과를 확인할 수 있기 때문이다. 낮은 진입 문턱과 여론조사 보도 관행이 낮은 품질의 여론조사를 양산하는 환경을 초래한 셈이다.

현재의 여론조사 관행, 특히 ARS를 매개로 한 여론조사의 문제점을 심층적으로 파헤치고 있는 한국일보 특집 '불신의 설계자: 여론조사와 정치'2025. 4.는 눈여겨볼 만하다. "600만원이면 돌풍 후보로" 만들어주겠다는 선거 여론조사 뒤 '검은 커넥션'이 모두 ARS 여론조사에 기반하고 있다는 충격적 제목으로 심층 취재 특집을 꾸미고 있다. 불법과 편법 사이에서 (법적으로) 전혀 문제 될 게 없는 '(ARS) 여론조사를 결합한 컨설팅'을 제공하겠다는 업체가 수두룩하다고 했다. 전문가들 역시 현재 선거 여론조사 시장을 최대 수요자인 정치인과 공급자 조사기관의 이해관계가 맞아떨어지면서 컨설팅 명목으로 여론조사를 활발히 이용하는 구조라고 진단했다.

어떤 분야라도 그렇듯이 ARS조사기관 내에서도 부익부빈익빈 현상이 나타나고 있다. ARS조사기관이라고 해서 모두 같거나 비슷한 건 아니란 얘기다. 2000년대 초반 4~5곳 안팎에 불과하던 회사가 60~70여 곳까지 폭발적으로 성장했지만, 대부분 영세하기 짝이 없다. 그래서 정치권 고객에게 휘둘릴 수밖에 없다. 김어준의 '여론조사꽃' 설립 이후 '조사기관의 정치적 경향성'이 짙어지는 동시에 한층 노골화하면서 보수 진영에서도 ARS를 통해 경쟁적으로 여론전에 나서고 있지만, 조사 결과의 질 향상을 위한 관심이나 노력은 기대하기 어려운 실정이다. 진보든 보수든 상관없이 말이다.

**숫자도 중요하지만,
도출된 맥락과 방식 함께 읽어야**

한국기자협회 등 5개 언론현업단체는 2016년 이러한 문제의식을 반영해 '선거여론조사보도준칙'을 제정한 바 있다. "미디어는 과학적 표집 과정을 거치지 않은 ARS 여론조사를 기획하거나 의뢰하지 않아야 한다."8조, "ARS 여론조사에 대해 미디어는 그 결과를 인용하지 않아야 한다."14조 등의 규정을 두고 있지만, 잘 지켜지지 않는 것이 현실이다. 심지어 그런 규정이 있다는 사실 자체를 모르는 언론 종사자가 대부분이다.

중앙선거관리위원회로 대변되는 정부나 지방자치단체, 대중 매체 역시 아카데미즘보다 실용주의에 더 가깝거나 친화적인 태도 및 입장을 취하고 있는 것도 시정 개선될 필요가 있다. 속보성 뉴스와 흥미를 추구하는 언론이 이론과 추상성에 바탕을 두고 있는 아카데미즘과 태생적으로 불화 관계일 수밖에 없는 건 이해할 수 있다. 그러나 각종 통계 자료의 공익성을 책임져야 할 독립된 헌법 기관인 선거관리위원회가 여론조사의 주요 고객인 여의도 정치권과 언론의 눈치를 보거나 이들의 요구에 순응하는 건 지극히 잘못된 처사라고 생각한다.

특히 선거관리위원회의 경우 여론조사의 형식에 관한 규정과 제재가 주를 이루는 반면, 조사의 내용에 관한 규정과 제재가 충분치 않다는 점을 지적할 수 있다. 이런 점과 관련해선 업계 내부와 시장의 대응마저 녹록치 않아 상황을 더욱 악화시키고 있는 걸로 보인다. 여론조사 품질에 근거한 조사기관 평가가 제대로 이루어지지 않으면서 수요자들 중 상당수가 여론조사 품질과 관계없이 자신이 원하는 결과를 노골적으로 요구하는 장면이 심심치 않게 연출되곤 한다. 그 결과 낮은 품질의 여론조사를 산출하는 조사기관들이 아무렇지도 않게 계속 선택받는 어처구니없는 일이 벌어지기에 이르렀다. 여론조사 이해 관계자들의 관심과 각성이 절실히 요구되고 있음을 재삼 강조하고자 한다.

## 1-3

# 찐 여론 이기는 양극화 여론

2017년 1월 도널드 트럼프가 45대 미국 대통령으로 취임했다. 그런데 대통령 취임식에 참석한 인파 규모를 둘러싸고 지지층과 비非지지층 사이에 논란이 있었다. 대통령 측은 역대 최대였다고 주장했지만, 비지지층에선 대통령에 반대하는 시위대가 취임식 인파보다 3배나 많았다고 주장하면서 서로 충돌했다.

**양극화 여론의 원조, 트럼프 미국 대통령**

두 개의 사진으로 확인된 팩트는 전임이었던 오바마 대

통령 취임식 때에 비해 참석 인파가 확연히 적었다는 것이다. 문제는 이를 둘러싼 여론조사였다. 누가 봐도 취임식 참석 인파가 명백히 적음에도 불구하고 트럼프 대통령 지지층 일부가 자신들이 지지하는 대통령 취임식 참석 인파가 더 많았다고 응답했다는 것이다. 자칫하면 양극화에 기반한 여론이 실제 사실에 해당하는 '찐 여론'을 이길 수도 있는 상황이 벌어진 셈이다.

양극화에 기초한 선거 승리와 정치적 이벤트는 트럼프 2기에서도 재현되고 있다. 트럼프를 극단적으로 지지하거나 반대하는 소수의 유권자들은 정치적 쟁점뿐 아니라 이와 무관한 경제적 쟁점에서도 여론을 무시하거나 왜곡하고 있는 것으로 드러났다.

2009년 1월 버락 오바마 대통령 취임식 당시 워싱턴 DC 내셔널몰National Mall의 사진(왼쪽)과 2017년 1월 같은 장소에서 열린 도널드 트럼프 대통령 취임식 모습(오른쪽). _ 문화일보, 2023.3.7.

다음 도표는 미국의 정당 지지자별 인플레이션 전망을 분석한 그림이다. 현재 미국에서 가장 중요한 문제가 인플레이션이란 응답이 트럼프가 당선되기 이전, 즉 2.5%p 내외였다고 한다. 그런데 트럼프 대통령이 당선되자마자 실시된 여론조사에선 민주 공화 양 정당 지지자들 간에 크게 엇갈린 수치가 나타났다. 미국 유권자 중 민주당 지지층은 5.1%, 공화당 지지층은 0.0%가 인플레이션을 가장 중요한 문제로 꼽았다는 것이다.

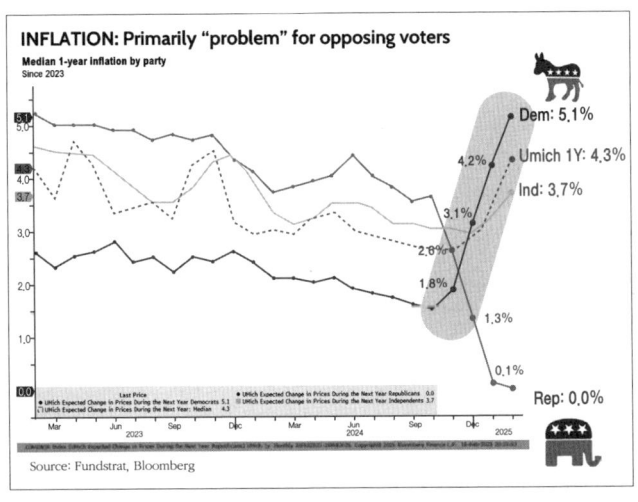

Source: Fundstrat, Bloomberg

## 경제적 이슈에서도 양극화 여론 우세

미국을 비롯한 전 세계 국가들의 주가에 엄청난 영향

을 미치는 경제 지표에 대한 반응 역시 비슷한 모습을 드러내고 있다. 매월 발표되는 미국 미시간대학교의 소비자 기대지수Index of Consumer Expectations의 경우 2024년 내내 민주당 지지층은 100에 가까운 수치, 공화당 지지층은 50~60 정도의 수치를 보여 왔다. 그런데 트럼프 대통령 당선이 확정된 직후인 12월부터 이 수치가 정반대로 바뀌었다. 민주당 지지층은 50.8, 공화당 지지층은 106.8로 나타났고, 이런 극단적 의견은 2025년 들어 더욱 강화되고 있음을 알 수 있다. 민감한 정치적 이슈는 물론 이와 무관한 경제적 쟁점에서도 양극화 여론이 찐 여론을 억누르고 있는 셈이다.

| DATE OF SURVEY | | INDEX OF CONSUMER SENTIMENT | | | CURRENT ECONOMIC CONDITIONS | | | INDEX OF CONSUMER EXPECTATIONS | | |
|---|---|---|---|---|---|---|---|---|---|---|
| | | Dem | Ind | Rep | Dem | Ind | Rep | Dem | Ind | Rep |
| May | 2023 | 76.5 | 56.5 | 45.4 | 78.4 | 63.6 | 53.6 | 75.3 | 50.3 | 40.1 |
| June | 2023 | 84.5 | 61.0 | 46.0 | 83.3 | 69.9 | 50.8 | 85.4 | 55.3 | 42.9 |
| July | 2023 | 92.6 | 68.7 | 51.1 | 93.9 | 76.8 | 56.0 | 91.7 | 63.5 | 48.0 |
| August | 2023 | 85.8 | 69.0 | 54.8 | 84.0 | 75.2 | 67.5 | 86.9 | 65.1 | 46.7 |
| September | 2023 | 88.6 | 64.1 | 50.5 | 85.3 | 70.5 | 56.6 | 90.6 | 60.0 | 46.5 |
| October | 2023 | 83.4 | 63.5 | 46.9 | 83.6 | 75.5 | 55.1 | 83.2 | 55.8 | 41.7 |
| November | 2023 | 83.9 | 56.6 | 43.1 | 89.5 | 62.7 | 53.4 | 80.3 | 52.6 | 36.5 |
| December | 2023 | 90.6 | 64.5 | 57.0 | 89.8 | 73.4 | 58.5 | 91.2 | 58.8 | 56.0 |
| January | 2024 | 101.7 | 74.6 | 56.3 | 106.7 | 76.1 | 58.1 | 98.5 | 73.7 | 55.2 |
| February | 2024 | 94.6 | 73.4 | 62.3 | 95.2 | 77.0 | 63.9 | 94.2 | 71.1 | 61.3 |
| March | 2024 | 101.1 | 73.1 | 67.0 | 102.8 | 78.5 | 66.9 | 100.0 | 69.5 | 67.0 |
| April | 2024 | 101.1 | 72.5 | 60.7 | 102.4 | 77.3 | 58.1 | 100.2 | 69.4 | 62.3 |
| May | 2024 | 91.3 | 62.5 | 53.0 | 92.1 | 64.5 | 51.4 | 90.8 | 61.3 | 54.0 |
| June | 2024 | 90.8 | 62.1 | 51.3 | 88.0 | 61.6 | 47.9 | 92.6 | 62.4 | 53.4 |
| July | 2024 | 83.0 | 59.8 | 52.6 | 85.0 | 56.4 | 42.3 | 81.7 | 62.0 | 59.2 |
| August | 2024 | 90.9 | 62.2 | 47.4 | 86.1 | 59.3 | 33.5 | 94.0 | 64.1 | 56.3 |
| September | 2024 | 92.6 | 63.2 | 49.7 | 89.9 | 57.4 | 34.6 | 94.4 | 67.0 | 59.3 |
| October | 2024 | 91.4 | 65.8 | 53.6 | 88.8 | 61.7 | 41.4 | 93.1 | 68.4 | 61.4 |
| November | 2024 | 81.3 | 63.1 | 69.1 | 90.5 | 55.8 | 37.9 | 75.4 | 67.8 | 89.2 |
| December | 2024 | 69.6 | 70.2 | 85.4 | 98.9 | 71.4 | 52.0 | 50.8 | 69.5 | 106.8 |
| January | 2025 | 65.0 | 68.3 | 86.7 | 89.3 | 72.7 | 59.3 | 49.4 | 65.5 | 104.3 |
| February | 2025 | 51.3 | 62.6 | 86.7 | 73.9 | 68.0 | 55.7 | 36.8 | 59.1 | 106.6 |

양당 중심의 미국 정치 제도에서 정파성은 전혀 새로운 게 아니다. 트럼프 대통령의 경우 좀 더 심화된 형태를 띠고 있는 독특한 캐릭터로 파악할 수 있다. 트럼프 이후엔 달라질 여지가 있다.

그러나 우리나라의 경우는 좀 다른 양상이다. 정파성이란 우리 정치 혹은 언론의 고질적 병폐가 극단적인 형태로 전개되고 있다. 박영흠 성신여대 교수의 연구〈한국 언론 정파성의 기원과 형성 : 신문의 적대적 정파성을 중심으로〉,《언론과 사회》32권 2호: 165~212쪽에 따르면, 우리나라의 언론, 특히 신문사의 경우 1990년대 후반 외환위기와 2000년대 언론사 세무조사 이후 정파성이 본격화된 것으로 보고 있다. 이들은 정파성을 당면 위기 극복과 이권 추구의 도구로 사용하고 있다고 진단한다. 또한 상대를 꺾어야 생존을 도모할 수 있는 극한 투쟁에서 승리하기 위한 전략으로 간주한다고 했다. 정파성을 추구하는 언론에 대한 박 교수의 다음 설명은 왜 언론과 정치권이 서로 연계해 극단적 여론으로 치우칠 수밖에 없는지 이해하게끔 해준다.

> 보수 언론은 기실 '보수'라기보다 '반反진보'에 가깝고, 진보 언론은 '진보'라기보다 '반反보수'에 가깝다. 다르게 말한다면 한국의 정파 언론은 지지하는 진영이 따로 존

재한다기보다 혐오하는 진영이 존재할 뿐이며, 자신이 혐오하는 적대 진영의 집권을 막아줄 수 있는 정파를 지지하는 것이다. 적대 진영이 집권하거나 원내 다수당이 되는 것은 정파 언론에 최악의 상황이며 따라서 이들의 선거 승리를 막는 것이 절체절명의 목표가 된다. 우호적인 진영이 패배하고 적대적 진영이 승리할 위험에 처했을 때만 우호적 진영에 강도 높은 비판을 가하는 것은 바로 이런 이유 때문이다.

## 정파성 넘어 양극화 여론 강세 조짐

최근 정치권을 중심으로 극단적 여론이 지배적 패러다임으로 자리 잡고 있다. 특히 대통령 국정 수행 지지율을 예로 들 수 있다. 역대 대통령의 국정 수행 지지율은 '강한 긍정', 즉 '매우 잘하고 있다'와 '약한 긍정', 즉 '잘하고 있는 편이다' 혹은 '어느 정도(다소) 잘하고 있다'는 비율을 합쳐서 산정한다. 강한 긍정이 매우 높게 나오는 미국과 달리 우리나라의 경우 전체 긍정 응답 중 약한 긍정의 비율이 늘 높게 나왔다. 부정 응답 역시 '강한 부정'에 비해 '약한 부정' 비율이 훨씬 높은 편이었다. 중간 응답을 선호하는 대신 극단적 응답을 회피하는 사회적 문화적 성향 때문이다.

지지층과 반대층의 지지 여부 및 이유가 선명했던 노무현, 박근혜 전 대통령만 하더라도 약한 긍정이 강한 긍정보다 훨씬 많았다. 2007년 10월 탄핵 직후 한국일보-미디어리서치가 실시한 여론조사에 따르면, 노무현 전 대통령 지지율은 43%에 달할 정도로 높았다. 그러나 '대체로 잘함'이 40%에 달했던 반면 '매우 잘함'은 3.4%에 불과했다. 탄핵 여파로 지지층이 강하게 결집했음에도 불구하고 극단적 지지층은 소수에 불과했음을 알 수 있다.

박근혜 전 대통령 지지율 역시 극단적 지지층보다 소극적 지지층이 더 많았다. 탄핵 위기에 몰린 상황에서도 말이다. 탄핵 직전이었던 2016년 11월 3주차 11.14.~16. 리얼미터가 실시한 여론조사에 따르면, 박근혜 전 대통령 지지율은 9.9%에 불과했다. 이 중에서 '매우 잘하고 있다'는 2.2%였고, '잘하는 편'이란 응답이 7.7%였다. 극단적 양극화 여론이 없지 않았지만, 여전히 소극적 지지층이 찐 여론으로 중심을 잡아 주고 있었음을 알 수 있다.

역대 대통령과 달리 문재인 전 대통령은 취임 초기와 비교해 임기 말에도 높은 지지율을 유지했던 유일한 인물이었다. 2020년 7월 2주차 전국지표조사 NBS에 따르면, 문재인 전 대통령의 직무 수행에 대한 긍정 평가는 53%,

부정 평가는 40%로 나타났다. 긍정 응답 중 강한 긍정, 즉 '매우 잘하고 있다' 19%, 약한 긍정, 즉 '잘하는 편이다' 34%였다. 적극적 지지층 비율이 제법 높은 편이지만, 그럼에도 소극적 지지층 비율이 2배가량 높은 수준을 유지하고 있다.

## 윤석열 전 대통령 때부터 양극화 여론 본격화

이런 경향은 윤석열 전 대통령 때부터 균열이 발생하기 시작했다. 대통령의 직무 수행에 대해 강한 긍정/부정 비율이 이전보다 훨씬 늘어났다. 2024년 12월 3주차 전국지표조사에 의하면, 윤석열 전 대통령 직무 수행에 대한 긍정은 16%, 부정은 79%였다. 긍정 응답 중 강한 긍정, 즉 '매우 잘하고 있다' 6%, 약한 긍정, 즉 '잘하는 편이다' 10%였다. 부정 응답 중 약한 부정, 즉 '잘못하는 편이다' 16%, 강한 부정, 즉 '매우 잘못하고 있다' 64%였다.

2025년 7월 4주차 전국지표조사에 따르면, 6월 선거에서 21대 대통령으로 당선된 이재명 대통령의 국정 운영에 대한 긍정 평가는 64%, 부정 평가는 22%였다. '매우 잘하고 있다'는 강한 긍정은 34%, '잘하는 편이다'는 약한 긍정은 30%였고, '잘못하는 편이다'는 약한 부정은 10%,

'매우 잘못하고 있다'는 강한 부정은 13%였다. 강한 긍정/부정 응답자가 약한 긍정/부정 응답자보다 많은 경향, 다시 말해 양극화 여론 강세 현상이 전임 대통령에 이어 현 대통령에게서도 계속 나타나고 있음을 보여 주고 있다.

극단적 여론이 찐 여론을 이기는 현상은 당분간 계속될 것으로 보인다. 양대 정당의 대표 선거에서 이미 그런 모습을 보여 주고 있다. 2025년 8월 초 더불어민주당 새 대표 선거에서 "내란과의 전쟁", "국민의힘 해산" 등을 선언한 강성 정청래 의원이 당선된 것도 그렇고, 곧 이어 치러진 국민의힘 당대표 선거에서 "계엄 찬성 탄핵 반대"란 극단적 여론에 힘입은 장동혁 의원이 당선된 것에서도 예견된다. 양당 대표와 정당 간 강한 대치가 불을 보듯 뻔해 극단적 여론이 더욱 힘을 받을 수밖에 없게 됐다.

그러나 여러 언론이 지적했듯이 극단적 여론이 늘 이길 수는 없다. 때론 소극적이거나 중간 여론에 손을 내밀어야 한다. 대여 투쟁에 집중했던 야당 시절과 달리 집권 여당 대표는 대통령과 보폭을 맞춰 국정 전반을 함께 이끌어야 한다. 심지어 자신을 반대하는 유권자를 포함해 야당의 협조가 일정 부분 필요하다. 더불어민주당 원로들이 정청래 신임 대표에게 "국민은 당원만으로 구성된 게 아니기 때문에 당원만 바라보고 정치를 해선 안된다."고 충고한 것도 그런 의미라고 본다.

　최근 정치권이 이념 성향과 무관하게 극성 정치 유튜버에게 의존하고 있는 것도 문제를 악화시키는 요인으로 볼 수 있다. 이와 관련해 광장에서 만난 시민들의 여론조사에 대한 적극적인 응답 의지도 그저 반길 수 없는 노릇이다. 여론조사 참여가 자신의 목소리를 반영하고 싶은, 사실상의 '애국운동'으로 전락했기 때문이다. "매일 벨소리를 켜놓고 (여론조사를) 기다린다"거나 "국민이 직접 전화할 수 있는 곳은 없나요"라고 묻는 건 전혀 바람직하지 않다. 더불어민주당 산하 민주연구원에서 부원장을 지낸 최병천 신성장경제연구소장은 "요즘의 정치 여론조사는 결국 확증편향을 강화하는 정보 제공 도구 중 하나로 역할하고 있다"며 "국민 다수 의견과는 동떨어져 일부 유튜버 비즈니스에 맞게 여론을 쪼개는 효과를 가져온다"고 지적했다.

### 찐 여론 80% 가려진 채 양극단 20%만 돌출

　이쯤에서 학술적 논의를 참고하면 좋을 거 같다. 은퇴한 심리학과 교수 제롬 케이건Jerome Kagan이 집필한 《무엇이 인간을 만드는가》라는 책이 있다. 저자는 어떤 사람의 사회적 조건이나 생물학적 특성과 그가 지니고 있는 심리적 결과 사이의 상관관계 중 90% 이상은 0.4 미만이고, 대부분은 그보다 작은 값이라는 사실을 깨달아야 한다고 지적했다. 극단적 여론이 마치 모든 걸 해결해 줄 것이란 생각이나 믿음은 일반화 가능성이 높지 않을 뿐 아니라 설득력도 낮다는 얘기다.

책에선 다른 학자의 연구 결과도 인용하고 있다. 캐나다 심리학자 연구에 따르면, 0.4 미만의 유의미한 상관관계는 보통 점수가 분포의 상위 또는 하위 10~15%에 해당하는 응답자 때문이라고 했다. 극단적 여론을 지니고 있는 소수의 응답자로 인해 전체 결과가 오해 혹은 왜곡되는 경우가 많다는 것이다. 거칠게 말하면 일부에 한정된 양극단 여론이 다수의 중간 혹은 찐 여론의 모습이 드러나지 못하도록 막는다는 것이다.

가령, 엄마가 어린아이에게 직접 말을 거는 경우가 많을수록 아이의 어휘도 늘어난다고 한다. 하지만 이런 관계는 아이를 향한 대화를 가장 많이 혹은 가장 적게 경험한 아이들에게만 해당된다고 했다. 아주 높은 어휘력 점수를 받고 엄마와 잦은 대화를 경험했던 아동은 10%에 불과했고, 그와 정반대의 프로필을 갖고 있는 아동도 마찬가지로 10%였다고 했다. 결국 나머지 80%에선 두 측

정치 사이의 상관관계가 나타나지 않았다는 것이다. 두 변수 간에 상관관계가 없다는 것이 찐 여론인데, 극단적 여론에서만 두 변수 간 상관관계가 나타난 셈이다.

찐 여론을 이기는 양극화 여론이 우리 일상을 지배하게 된 데엔 유튜브를 비롯한 소셜네트워크서비스SNS가 적지 않은 영향력을 미쳤다. 이런 생각엔 상당수 학자나 연구자들이 동의하고 있다. 지금까지 10번 중 9번이나 미국 대선을 정확히 예측했던 역사학자 앨런 리히트먼Allan Lichtman도 그중 한 사람이다. 가장 최근의 미국 대선 때 해리스의 당선을 예측해 스타일을 구긴 그의 변명은 SNS 때문이란 것이었다. 합리적 이성적 유권자의 판단 대신 거짓 정보에 휘둘린 선거였으며, 그런 정보를 쉽게 퍼뜨리는데 디지털미디어 환경이 결정적 역할을 했다고 봤다.

독일의 저명한 신경과학자이자 의사 요아힘 바우어 Joachim Bauer가 내놓은 책 《현실 없는 현실》김희상 역, 복복서가, 2024에 따르면, '탈진실'을 넘어 '탈현실'로 이어지고 있는 작금의 상황을 다음과 같이 묘사하고 있다.

> 저마다 다른 집단들이 완전히 다른 콘텐츠를 먹고 산다. 이 기괴하기 짝이 없는 현실감 상실, 아니 현실 상실은 사회 내부의 공감대를 짓밟으며 극심한 분열을 조장한다.

특히 20년이란 역사를 자랑하는 유튜브가 가져온 부작용과 이들의 알고리즘이 양극화 여론 우위에 크게 공헌한 것이 사실이다. 돈을 위해 조회수를 늘리려는 콘텐츠가 난무했고 아무런 책임도 지지 않는 자유가 심각한 부작용을 몰고 왔다. 이용자를 계속 묶어두기 위한 알고리즘은 객관적 사실보다 개인적 신념에 따른 주장이나 정보가 진실을 밀어내는 탈진실을 불렀다. 듣고 싶은 것만 듣고, 보고 싶은 것만 골라 보는 사람들끼리 인터넷 공간에서 만나 생각을 믿음으로 강화하고 패거리를 만들게 되면 그 편향된 집단의 메아리가 서로에게 동지적 의식을 심어준다. 이런 편향된 사고를 공유하게 되는 '반향실 효과'Echo Chamber에다 서로를 이해하지 못하고 비슷한 생각 속에 갇히는 '필터 버블'Filter Bubble도 심각해졌다. 막말과 혐오, 선정적이고 자극적인 허위 및 조작 정보가 비판의 대상이 아니라 대안적 사실로 받아들여지는 역설이 일상화되고 있다.

## 양극단이란 괴물로부터 스스로를 지켜야

우연히 읽은 소설에서 우리 사회 양극단의 목소리를 경계하는, 즉 실체가 없는 괴물로 취급하는 장면을 목격했다. 《타인의 집》창비, 2021이란 소설을 쓴 손원평이 자신의 책 마지막 부분에 있는 작가의 말에서 적은 것이다. 다소 긴 느낌이 있지만, 결론을 대신해서 인용한다.

> 우리는 이상한 시대를 살고 있다. 모든 이의 행동과 생각이 같지 않으면 안 된다는 획일성의 기조가 전염병의 세상 하에 한층 더 두텁게 사람들을 잠식해가고 있는 것 같다. 이른바 대세와 다른 생각을 조금도 용납하려 하지 않는 대중이 그렇지 않은 이들에게 복종과 사과를 응징하듯 강요한다.
> '여기서의 대중'은 이미 실체가 없는 괴물에 가깝다. 겨냥하는 순간 힘없는 개인으로 낱낱이 부서지지만, 뭉쳐지면 거대하게 몸집을 부풀려간다는 점에서 그렇다. 이 괴물은 정의로 포장된 비이성과 가짜 도덕을 무기로 사용하며, 결코 거울을 볼 줄 모르기에 오히려 목표물로 삼은 누군가를 괴물로 만들어 패배시켜야 분이 풀린다.
> 괴물의 목표물이 되지 않는 방법은 가만히 입을 닫고 의견을 말하지 않는 것뿐이다. 대세가 다른 판도로 바뀔 때까지 슬프게도 대다수는 침묵으로 방어하고 부조리를 외면한다. 괴물로부터 스스로를 지키는 건 어쩔 수 없다 하더라도, 나와 남을 가만히 들여다보는 일을 게을리하지 말자. 그러면 나의 우주가 그렇듯, 타인의 우주 안에도 다

양한 작동 원리가 있다는 점을 깨닫게 된다. 비단 괴물이 되지 않기 위해서 뿐 아니라 누군가와의 진정한 소통을 위해서도, 홀로인 자신으로서 오롯이 존재하기 위해서도 타인을 향한 시선은 고요하게 살피는 눈길이어야 한다.

그럼에도 극단적 여론을 지닌 사람이 적지 않다. 거기에 열광하는 사람 역시 많은 편이다. 때론 타당할 수 있지만, 그렇지 않을 가능성이 훨씬 많다는 걸 인식해야 한다. 혹시나 해서 언급하는 것이지만, 극단적 여론의 실체 그 자체를 부정하거나 거부하는 게 아니라는 점을 분명히 하고자 한다. 극단적인 부분을 어느 정도 조절할 필요가 있고, 반대 방향에서 존재하는 여론에 귀를 기울이는 열린 자세가 필요하다는 점을 강조하고 싶다. 편식으로 인해 세상을 있는 그대로 보지 못한 채 방향을 잃고 헤매기 쉽다는 점도 체크해야 한다.

1990년대 말 닷컴 버블을 예견한 '투자의 귀재' 미국 오크트리캐피털매니지먼트Oaktree Capital Management 공동 창업자 하워드 막스Howard Marks가 전하는 지극히 평범한 메시지로 맺을까 한다.

자기주장만 하는 사람은 아무것도 모르는 사람이다.

## 1-4

# 여론조사는
# 특종과 주인공에서 빠져라

언론에서 '특종'이라고 하면 다른 데서 미처 보도하지 못한 독창적이거나 비밀에 해당하는 뉴스를 말한다. 사람들이 관심을 가질 가능성이 높은 새로운 정보로 언론인 혹은 그가 속한 회사가 명성을 얻는 데 크게 기여하는 경우가 대부분이다. 그래서 어떤 언론이든 특종을 위해 수단과 방법을 가리지 않는다. 온라인을 비롯해 우후죽순처럼 늘어난 언론이 서로 치열하게 경쟁하고 있는 상황에선 더욱 그렇다.

특종 획득을 위한 각종 수단과 방법 중 하나로 때론 여론조사가 동원되기도 한다. 가령, 제헌절을 맞아 "우리 국민 10명 중 8명가량이 공휴일 재지정에 찬성했다"는 조사 결과가 소개됐던 적이 있다. 미국에선 대통령 후보였던 트럼프가 유세 현장에서 피격된 직후 실시된 조사에서 "국가가 통제 불능 상태로 빠져들고 있다"는 의견에 대해 미국 국민 80%가 동의했다는 조사가 나오기도 했다. 그게 무슨 특종이냐고 비아냥할 수도 있지만, 그렇다고 우기면 아니라고 하기도 애매하다. 다른 언론에서 한 번도 보도한 적이 없는 독창적인 여론조사 결과였으니 말이다.

국민의힘 당대표 선출 전당대회를 앞두고 실시된 여론조사도 비슷한 사례로 분류할 수 있다. 국민의힘 당원을 대상으로 실시한 여론조사에서 결국 출마를 포기한 한동훈 전 비대위원장이 1위를 달리고 있다는 여론조사가 그렇다. 미국의 경우 대선에 출마한 공화당 군소 후보들이 제각기 자체 조사를 실시해 여론몰이에 나선 것도 어떻게 보면 특종을 노린 사례로 간주할 수 있다.

**미디어와의 밀착으로 인한
여론조사 문제점**

여론조사 업계 및 관련 전문가들은 오랜 기간 미디어와 밀접한 관계를 맺어 왔다. 언론의 관심과 보도가 여론조사 및 방법론적 발전에 긍정적인 영향을 미치기도 했지만, 상호 의존적인 미디어-여론조사 관계 및 지나친 경쟁으로 인해 초래된 문제점 역시 만만치 않다. 미국기업연구소American Enterprise Institute 선임 연구위원 칼린 보먼Karlyn Bowman은 'The Trouble with Polling'2018.이라는 글에서 이런 점을 적절히 지적하고 있다. 미국 사례에 초점을 맞추고 있지만, 우리에게 시사점을 제공하기에도 부족함이 없다고 생각해 소개한다.

첫째, 단기주의Short-termism. 뜨거운 이슈나 사건에만 치중함으로써 시간 경과에 따라 일반 대중의 태도가 어떻게 변화하고 있는지 무심하다. 또 다른 이슈나 사건이 발생하면 이전의 그것은 쉽게 덮이고 금새 잊힌다. 논란이 최고조에 달했을 때에만 어떤 주제에 대해 물어볼 경우 평상시와 다른, 어쩌면 편향된 여론이 집계돼 전달될 가능성도 있다.

미국의 경우엔 흑인 등 유색인종에 대한 차별이나 성희롱 관련 이슈, 우리의 경우엔 사형제도 부활이나 안락사 허용 여부 등 민감한 쟁점을 예로 들 수 있다. 이런 사안들은 발생 시기에 국한하지 않고 꾸준히 의견을 수집해 시간이 지남에 따라 대중의 태도가 어떻게 변화하는지 판단할 필요가 있지만, 그런 관용성과 인내심을 동시에 지니고 있는 언론은 아예 없거나 매우 드물다. 새로운 이슈가 떠오르면 기존의 것은 언제 그랬느냐는 듯이 사라지고 만다. 결국 어떤 주제든 민감한 크기만큼의 수치만 쌓이게 되는 모습을 보여 주고 있다.

둘째, 과다한 정치 지향성. 평범한 대중들의 관심사와 주제들에 대한 장기적 추세보다 정치적 이슈와 '워싱턴'(우리의 경우 '여의도') 내부자들의 관심사에 집중하는 경향이 있다. 역사적으로 볼 때 미국의 전반적 상황에 대해 더 많은 통찰력을 얻을 수 있는 일상생활 혹은 평범한 삶에 대한 공적 영역 질문이 크게 줄었다고 한다. 반면 정치에 대한 강박적 집중으로 인해 늘 우리 곁에 있다고 믿었던 민주주의가 멀어지고 또 위험에 처했다는 징후가 넘쳐나고 있다.

우리의 경우 반세기 역사를 자랑하고 있는 한국갤럽조사연구소만 살펴봐도 그렇다. 초기엔 어려운 환경 속에서도 학술적 주제는 물론 일상과 행동, 즉 평범한 삶에 대한 공적 영역의 질문이나 조사가 적지 않았다. 가령, 가족, 결혼, 청소년, 장애인, 아동, 노인, 식생활, 가치관, 종교 등등. 만약 이들 주제를 다룬 여론조사가 오늘날까지 꾸준히 계속되었다면 우리나라의 현실과 미래에 대해 엄청난 통찰력을 얻을 수 있었을 것이다. 학술적 가치는 말할 것도 없을 테고 말이다.

  셋째, 정치적 양극화 강조. 어느 시대, 어떤 나라에서나 정치적 갈등이 흔했던 건 사실이다. 하지만 그런 갈등이나 당파적 분열이 우리의 일상을 절망적으로 갈라놓았던 사례가 그리 많았던 건 아니다. 2014년 미국에서 실시된 조사에 따르면, 민주당원과 공화당원 일부가 상대방 소속 사람과의 결혼을 통해 가족의 일원으로 데려오는 것이 불행하다고 답했다. 대다수 국민들은 상관없다고 말했지만, 언론은 이들 일부의 응답을 과장 보도했다고 한다.

## 재미없는 여론조사가
## 더 유효한 아이러니 받아들여야

  언론과 여론조사는 태생적으로 불화 관계에 가깝다. 여론조사를 통해 특종을 잡고자 하는 시도는 위험하다. 공휴일을 늘리는 것에 대해선 늘 찬성이 많다. 급여 인상이나 복리후생 증대에 대한 의견처럼 말이다. 그건 특종이 아니다. 또한 특정 사건으로 인해 여론의 향배가 바뀌는 건 지극히 당연한 일에 속한다. 흉악한 범죄가 발생한 직후엔 사형제도 찬성 의견이 높아지고, 불치병에 걸린 환자 때문에 남은 가족이 파산 지경에 이르렀다는 뉴스가 나오면 안락사에 대한 호의적 의견이 늘어난다. 동계올림픽 개최 직후엔 박지성, 류현진보다 김연아가 가장 좋아하는 운동선수로 꼽히기 마련이다. 틀린 건 아니지만, 그렇다고 정확한 여론도 아니다.

여론조사로 만들어진 뉴스는 재미가 없고 그래야 더 유효한 것으로 간주되어야 한다. 가령, 2024년 미국 대선 이후 극단주의자들이 폭력 행위를 저지를 걸 우려하는 여론이 84%에 달했다. 트럼프를 추종하는 공화당 쪽에선 특종이라고 생각하겠지만, 그렇지 않다. 대선 2개월 전 조사에선 74%가 이 같은 우려를 표시했다. '자신이 속한 정당의 누군가가 정치적 목표를 달성하기 위해 폭력을 행사하는 건 용인될 수 있다'는 응답은 5%에 불과했다. 1년 전 6월엔 12%였는데, 그보다 낮아진 수치였다. 트럼프 피격 이후 관련 이슈 여론에 약간의 변화가 있었다는 점을 보여 주고 있을 뿐이다.

특정 여론조사 결과에 초점을 맞추어 가짜 특종을 노리는 보도 행태는 지양해야 한다. 동일 주제에 대해 최근의 다른 여론조사와 비교해 어떤 차이 혹은 변화가 있었는지 살피는 방향을 지향해야 한다. 재미없는 여론조사 기사나 뉴스가 더 유효하고, 주인공 혹은 주연보다 조연이나 감초 역할이 더 어울린다는 점을 기꺼이 받아들여야 한다.

미국에서 실시된 여론조사 결과와 뉴스를 인용 보도하는 우리 언론도 더 하면 더했지 덜하지 않다. 여론조사로 특종을 노리는 행태 말이다.

**여론조사, 을로 살아가야 할 숙명과 서러움**

어쩌면 정답이 없는 문제를 출제해 놓고 이제 와서 정답률이 낮다고 여론조사를 구박하는 모양새도 우습다. 여론조사가 선거를 휘둘렀다며, 민주주의 신뢰 추락의 원인이 여론조사라며 손가락질하는 일부 행태에는 실소를 금할 수 없다.

2024년 4월 국회의원 선거 여론조사를 가장 가까이서 지켜본 장슬기 MBC 데이터 전문기자의 소감이다. 여론을 알아내기 위한 여론조사가 맡은 바 임무를 제대로 수행하지 못했다고 해도 무작정 고개 숙일 일이 아니라고 항변한다. 여론조사에 목을 매던 정치권과 언론이 선거 후 여론조사에게만 예측 실패 책임을 떠넘기는 행태를 고발하고 있는 듯하다.

장 기자의 소감이 이어진다. "여론조사 '때문'이라는 건 인지 부조화다. 여론조사가 무결하다는 이야기가 아니다.

다만 여론조사에 응답하기 꺼려하는 유권자를 만든 게 여론조사가 아님은 분명해 보이기 때문이다. 만약 정책이나 인물이 아니라 여론조사에 등장하는 숫자 몇 개가 투표 결정에 참고할 수 있는 유일한 통로였다면, 또한 '최선'이 유권자의 기대에 못 미쳤다면, 그 역시 여론조사 탓은 아니"라고 했다. 방법론적으로 이런저런 문제점이 있고 개선 방안이 마련되어야 한다. 그러나 사회 및 기술의 변화, 여론의 복잡성, 여론조사 산업의 구조적 문제 등 여론조사만 독자적으로 분리해 추궁할 일은 아니라는 인식이 필요하다고 강조한다.

특종과 주인공에 집착하는 언론의 입맛을 맞추기에 여론조사는 재미없고 또 당파적이지 않다. 미디어 고객들은 여론조사 업계 종사자들과 별로 친하지 않을 뿐 아니라 그들을 미덥게 생각하지도 않는다. 그보다 더 중요한 건 미디어 고객들이 최소한의 조사 비용도 지출할 여력이 없거나 의지가 없다는 것이다. 그런 언론과의 관계를 통하는 것보다 일반 대중에게 있어서 가장 중요한 문제와 가치에 다시 초점을 맞추는 것이 여론조사의 신뢰 회복에 훨씬 더 나은 방법이라는 점을 강조하고 싶다.

한때 언론계에 몸담았던 사람으로 감히 하나의 제안을 하고자 한다. 언론계 종사자에게 말이다. 미디어 역시 모든 사람들이 만들어내는 각종 소음에 지배당하는 곳이다. 이야기를 구하고 남들의 말을 따라잡기 위해 치열하게 경쟁한다. 그러니 다수의 침묵에 귀 기울이는 것이 때론 방종으로 보일 수도 있을 것이다. 그러나 저널리스트는 떠들썩한 소음만이 아니라 조용한 침묵에도 주목해야 한다. 정치인들 그리고 정파적 유튜버들이 점차 시끄러워지는 시대엔 더욱 그렇다고 생각한다. 어쩌면 조용한 침묵이 머물고 있는 그곳에 특종과 주인공이 되지 못한 여론조사가 똬리를 틀고 있을지도 모르겠다.

## 1-5

# "여론조사란 무엇인가" 되물어라

 

2018년 추석 때였으니까 제법 시간이 흘렀다. 지금은 칼럼 필자로 유명세를 떨치고 있지만, 당시만 해도 서울대 김영민 교수를 알고 있는 사람이 많지 않았던 것으로 기억한다. '"추석이란 무엇인가" 되물어라.' 칼럼 제목부터 다소 엉뚱하면서 도발적이었다. 금시초문이라거나 아직 읽지 않았다는 분이 있을 텐데, 꼭 한 번 읽어 보기를 권한다. 이런저런 설명이나 해설을 덧붙이는 대신 해당 칼럼의 마지막 부분을 전재한다.

## "추석이란 무엇인가" 되물어라

추석을 맞아 모여든 친척들은 늘 그러했던 것처럼 당신의 근황에 과도한 관심을 가질 것이다. 취직은 했는지, 결혼할 계획은 있는지, 아이는 언제 낳을 것인지, 살은 언제 뺄 것인지 등등. 그러나 21세기의 냉정한 과학자가 느끼한 연애 편지를 쓰던 20세기 청년이 더 이상 아니듯이, 당신도 과거의 당신이 아니며, 친척도 과거의 친척이 아니며, 가족도 옛날의 가족이 아니며, 추석도 과거의 추석이 아니다. 따라서 "그런 질문은 집어치워 주시죠"라는 시선을 보냈는데도 불구하고 친척이 명절을 핑계로 집요하게 당신의 인생에 대해 캐물어 온다면, 그들이 평소에 직면하지 않았을 근본적인 질문을 던지는 게 좋다. 당숙이 "너 언제 취직할 거니"라고 물으면, "곧 하겠죠, 뭐"라고 얼버무리지 말고 "당숙이란 무엇인가"라고 대답하라. "추석 때서 일부러 물어보는 거란다"라고 하거든 "추석이란 무엇인가"라고 대답하라. 엄마가 "너 대체 결혼할 거니 말 거니"라고 물으면 "결혼이란 무엇인가"라고 대답하라. 거기에 대해 "얘가 미쳤나"라고 말하면 "제정신이란 무엇인가"라고 대답하라. 아버지가 "손주라도 한 명 안겨다오"라고 하거든 "후손이란 무엇인가". "늘그막에 외로워서 그런단다"라고 하거든 "외로움이란 무엇인가". "가족끼리 이런 이야기도 못하니"라고 하거든 "가족이란 무엇인가". 정체성에 관련된 이러한 대화들은 신성한 주문이 되어 해묵은 잡귀와 같은 오지랖들을 내쫓고 당신에게 자유를 선사할 것이다.

김 교수는 칼럼 앞부분에서 그런 질문을 하게 된 배경을 친절하게 설명하고 있다. 정체성을 따지는 질문은 대개 위기 상황에서 나온다고. 평상시엔 그런 근본적인 질문 대신 근황과 행위 등에 더 관심을 가진다고 했다. 그러다가 자신의 존재 규정을 위협할 만한 특이한 사태가 발생하면 새삼스럽게 근본적 질문을 던지지 않을 수 없다고 주장한다.

**여론조사란 무엇일까**

여론조사가 한낱 조롱거리로 전락하고 있다. 국내외를 막론하고 말이다. 우리나라에선 '명태균 파문'으로 인해 여론조사에 대한 규제 강화가 필요하다는 목소리가 드높다. 상당 수준의 간섭이 이미 이루어지고 있음에도 불구하고 더 강력한 통제가 추가되어야 한다는 것이다. 명태균을 비롯해 '떴다방'에 해당하는 군소업체들이 모두 자취를 감춘 가운데 오랜 기간 '정상적으로' 영업을 해 왔던 조사회사들에게 더 강한 규제가 실행되어야 한다는 얘기다. 적절한 비유일지 모르겠지만, 결석을 밥 먹듯 하는 문제아 녀석이 부재중인 가운데 학교에 출석한 학생을 상대로 앞으로 지각이나 결석하면 가중 처벌하겠다는 격이다.

미국에선 트럼프 대통령의 재선으로 인해 여론조사와 관련 전문가들이 난타당하고 있다. 대표적인 인물이 네이트 실버Nate Silver다. FiveThirtyEight.com538.com을 만들어 오바마 전 대통령 당선과 재선을 가장 정확히 맞추었고, 지금은 온라인 블로그 Silver Bulletin을 운영하고 있는 그는 2024년 11월 대통령 선거 하루 전 부통령이었던 해리스 민주당 후보의 미세한 우세를 점쳐 스타일을 구겼다. 2016년 트럼프-클린턴 선거 예측 대참사의 불명예를 회복하는 데 실패한 셈이다. 정작 실버 본인은 두 선거에서의 실패를 인정하지 않고 있지만 말이다.

미국 언론 및 여론조사기관의 선거 전망을 베끼다시피 하던 우리 언론도 반성은커녕 여론조사 때리기에 가세하고 있다. 기존의 '샤이Shy 트럼프'에다 '히든Hidden 해리스'라는 신조어까지 동원하면서. 미국 대선과 여론조사에 있어서 2016년, 2020년에 무슨 일이 있었는지 알고 있기나 할까. 2024년 대통령 선거 예측 실패에 대해서도 그저 미국 언론의 분석을 열심히 받아 적고 있을 뿐이다. 어떤 주제든 해당 여론을 과학적인 방식으로 정확히 읽어내기 위한 것이 여론조사인데, 여론조사가 선거 여론을 제대로 간파하지 못하는 건 어떤 이유 때문일까.

**미 대선 여론조사 실패,
트럼프라는 독특한 후보 때문**

미국 선거 여론조사의 최근 일련의 실패와 관련해선 "이게 다 트럼프 때문"이란 분석이 있다. 트럼프는 매우 독특한 후보이자 독특한 대통령으로 분류할 수 있다. 특히 여론조사와 관련해서 그렇다. 자신의 지지자들에게 여론조사에 응하지 말라고 권해 자신이 관여된 모든 선거에서 공화당 과소표집 문제가 나타나기도 했다. 그 결과 두 번의 대통령 선거에서 모든 여론조사가 트럼프에게 낮은 점수를 부여한 바 있고, 2024년 47대 대통령 선거에서도 최종 투표 결과 대비 여론조사 지지율이 낮았던 것으로 확인되고 있다.

미국 여론조사전문가들의 분석에 따르면, 2018년 상하원 선거는 물론 각종 여론조사 예측 성적이 꾸준히 나아지고 있다. 그런데 트럼프가 직접 연관된 대통령 선거에서만 여론조사 예측이 엉망진창이었다고 한다. 그 결과 미국 대선 예측 실패에 초점을 맞춰 여론조사를 비하하는 사람들이 크게 늘어났다. 우리나라에선 명태균이라는 인물 때문에 여론조사의 왜곡 혹은 오용 문제가 더욱더 크게 부각되었고, 여론조사의 신뢰성 위기가 한층 고조되고 있다.

여론조사의 존재 규정을 위협할 만한 사태가 새삼스러운 건 아니지만, 그런 연유로 여론조사의 정체성에 대한 근본적 질문을 던지고자 한다. 우리가 알고 있는 여론조사란 무엇인가. 우리의 여론조사는 여론을 알아내기에 적합하고 유용한 방법을 제공하고 있는가. 대통령이나 국회의원 당선자를 잘 예측할 수 있는 예리한 칼이나 창 역할을 할 수 있을까. 어떤 선거든 초박빙 상황마저 정확히 예측할 수 있는 '미래를 내다보는 수정 구슬'일 수 있을까.

## 여론조사에 대한 기대와 한계는
## 동전의 양면

여론조사에 대한 과도한 기대와 한계는 동전의 양면과 같다. 여러 학자가 그런 점을 지적하고 있다. 우리가 알고 있는 현재의 여론조사를 값싸고 무딘 칼에 비유한 박원호 서울대 교수가 대표적이다. 이갑윤 서강대 교수 등도 여론조사 일반에 대해 비판적인 입장을 표명하고 있다.

> 현재 수행되고 있는 대다수 조사는 표본의 대표성과 응답 측정의 적합성이란 여론조사의 필수기준을 충족시키지 못하고 있다.

여론조사를 둘러싼 문제 제기나 각종 소음은 선거 때만 되면 어김없이 나타났다 사라지곤 했다. 여론 왜곡이나 조작 등으로 인해 여론조사가 위기 상황이라거나 신뢰성에 문제가 있다는 것이다. 가령, 여론조사가 정확한가. 신뢰할 만한가. 왜 조사 결과마다 들쭉날쭉한가. 표본의 대표성에 문제가 많다. 가상번호로 충분한가. 낮은 응답률은 인센티브 제공으로 극복 가능한가. 여론조사 관련 제도 개선 및 규제 강화로 '제2의 명태균'을 방지할 수 있는가.

리북이란 이름의 출판사를 운영하고 있는 이재호 대표가 얼마 전 《폴리티컬 디톡스》리북, 2025라는 제목의 책을 펴냈다. 그는 "정치란 무엇인가"라는 자신의 질문에 대해 "이 정치를 어떻게 견뎌야 하는가"라는 절박함 속에서 나오는 신음이라고 답했다. '여론조사란 무엇인가'라는 정체성 질문을 반복하는 이유도 비슷하다. "여론을 제대로 담아내지 못하고 있는 여론조사가 평소에는 물론 선거 때마다 홍수를 이루고 있는 상황을 어떻게 바라보고 또 견뎌내야 하는가"라는 절박함 때문이다. 그래서 다시 물을 수밖에 없다. "여론조사란 무엇인가"

칼럼 게재 이듬해인 2019년 김영민 교수가 한겨레신문과 인터뷰한 걸 봤다. "정치란 무엇인가"라는 문제 제기와 이에 대한 답변을 둘러싸고 여러 가지 다양한 경로로 수많은 관심과 주목을 받았다고 했다. 그러면서 "섣불리 답할 수 없는 질문에 대해서는 스스로 경계하고 있다"고 조심스럽게 말했다. 필자 역시 마찬가지다. 2024년에 발간한 《여론다움》을 통해 미처 다듬지 못한 단상과 편린을 선보이긴 했지만, 여론조사의 정체성과 한계에 대해 감히 말할 처지가 아니라고 생각한다. 그저 낮은 자세로 여론조사의 주변을 맴돌거나 빙산의 일각을 통해 거대한 본체를 어림짐작할 뿐이다.

## 1-6

# 여론조사는 사라질 것인가

　기자 출신 작가 장강명의 신작 《먼저 온 미래》동아시아, 2025를 읽었다. 전·현직 프로바둑기사 29명과 바둑 전문가 6명을 대상으로 바둑 인공지능 출현 이후 어떤 일이 벌어졌는지를 인터뷰한 책이다. 알파고가 나왔던 2016년 이래 바둑계가 이미 망했거나 망해가고 있다는 걸 생생하게 실증하고 있다. 바둑의 인기가 시들해지면서 은퇴한 기사가 속출했고, 혼란에 빠져 있던 프로기사들이 결국 낙담하는 사례를 보여 준다. 맥없이 갈팡질팡하고 있는 바둑계 모습이 우리 사회 여러 분야에서 머지않아 닥쳐올 미래라는 게 독자들에게 전달하고자 하는 메시지다.

《먼저 온 미래》 출판사 서평에는 다음과 같은 내용이 포함되어 있다.

> 어떤 업계에 인공지능이 보급되기 시작하면 이를 멈추기는 불가능에 가깝다. 수혜를 입는 그룹이 생기기 때문이다. 실제로 프로기사 중에서도 인공지능 도입을 반기는 이들이 있다. 이들은 바둑에 늦게 입문해서, 초반 감각이 부족해서, 정상급 기사들과 정보 격차가 있어서 생기는 실력 차이를 좁힐 수 있게 되었다.

## 사라지는 건 아니지만, '황혼기에 접어들었다'

인공지능 도입에 따른 파급 효과 혹은 영향력 측면에서 여론조사 업계가 예외일 수 있을까. 인공지능을 본격적으로 도입하면 어떤 일이 벌어질까. 솔직히 잘 모르겠다. 성급한 예측일 수 있지만, 바둑보다 더하면 더했지 덜하진 않을 것이란 느낌이다. 여론조사 업계 역시 많은 데이터와 정보를 다루고 있고, 이에 기반해 각종 권고나 조언 등 컨설팅을 하는 산업에 속하니 인공지능 도입 및 활용 영역이 매우 광범위할 것으로 전망되기 때문이다.

바둑계에서 수혜를 입는 그룹처럼 인공지능 도입을 반

기는 여론조사회사도 있을 것이다. 인공지능 보급과 활용을 통해 기존 메이저에 도전장을 던지고자 하는 신생 회사를 어떻게 막을 수 있겠는가. 메이저 조사회사보다 출발이 늦어서, 신생 회사라 유명세에 뒤쳐져서, 단지 매출과 직원 수가 적다는 이유 때문에 자신의 실력과 가치를 제대로 평가받지 못하고 있는 회사 입장에선 인공지능이란 신무기 장착을 통해 새로운 경쟁의 장을 열고자 할 것이다. 이런 상황이 전개될 경우 조사 자료의 질적 평가보다 결과 활용에만 혈안이 되어 있는 고객들이 더 이상 메이저급 조사회사를 찾을 이유가 있을지 모르겠다.

만약 여론조사 분야에 인공지능이 본격적으로 도입될 경우 어떤 상황이 벌어질까. 인공지능의 본격적인 도입 및 활용 이전 시점인 현재도 여론조사의 미래를 비판적으로 혹은 어둡게 전망하는 시각이나 연구가 적지 않다. 이들은 대개 여론조사가 직면한 도전과 한계를 명확히 인식하면서 앞으로 어떻게 변화하고 또 발전해야 하는가에 대해 깊이 있는 고민을 담고 있다. 표본 추출의 어려움, 응답률 감소, 새로운 기술의 등장 등 다양한 요인들이 여론조사의 정확성과 신뢰성에 영향을 미치고 있으며, 이에 대한 대안적 접근 방식이나 조사 결과 해석에 있어서 신중함이 요구된다는 점을 강조하고 있다.

여기서 한 걸음 더 나아간 주장도 심심치 않게 나온다. 전통적인 여론조사 방식이 유효성을 잃어가고 있으므로 기존 패러다임에 있어서의 변화를 강력하게 요구하는 움직임이 그것이다. 가령, 낮은 응답률과 저비용 인터넷 여론조사의 확산으로 인해 기존 여론조사 분야가 구축했던 무작위 표본추출Random Sampling 패러다임이 사실상 사라졌다고 보는 시각도 그중 하나다. 여론조사가 왜 여론을 정확히 담아내지 못하고 있는지 분석하면서 기존 여론조사 방식의 효용성에 대해 깊은 회의론을 전달하는 경우도 있다. 이들은 여론조사가 '사라진다'는 직접적 표현 대신 '황혼기에 접어들었다'는 비유를 사용하기도 한다.

## 전통적 방식의 여론조사 형태와 목적 변모할 것

조만간 현재의 여론조사 형태가 사라질 가능성을 피력하고 있는 글을 본 적이 있다.Ray Poyner, 'No Surveys in Twenty Years?', 2010. 앞으로 20년 이내에 여론조사가 사라질지도 모른다는 얘기였다. 2010년에 나온 글이니까 글에서 언급된 시점이 불과 몇 년 앞으로 다가온 셈이다. 마케팅조사에 한정된 언급이 와전되고 다소 과장된 측면이 없는 건 아니지만, 기존의 설문조사 방식이 더 이상 안전성과 지속성을 보장 받을 수 없을 것이란 경고가 담겨 있다.

물론 현재의 여론조사 방식이 사라질 것이란 언급은 성급하다. 설사 그런 표현, 즉 '사라짐' 혹은 '죽음'이란 단어를 사용하고 있다고 하더라도 새로운 대안적 방식의 탄생 관점으로 이해해야 할 것이다. 인공지능으로 인해 상당수 직업이 사라지겠지만, 인공지능으로 인해 새롭게 생겨나는 직업이 적지 않을 것이란 전망처럼 말이다. 결국 전통적인 여론조사가 더 이상 작동하기 어렵거나 그 형태와 목적이 변모할 것이란 전망에 가깝다고 봐야 한다.

완전히 사라지지 않더라도 그럴 가능성을 언급하고 있는 이 글은 다음 네 가지 점을 특히 강조하고 있다.

첫째, 소셜미디어에 대한 관심과 활용이 기존 설문조사 방식을 쉽게 대체할 수 있다. 둘째, 디자인된 폐쇄형 질문 대신 개방형 질문 위주로 설문조사가 바뀔 것이다. 셋째, 패널에 기반한 조사 데이터 대부분이 아카이브에 저장되어 있기 때문에 설문조사 대신 '새로운' 질문만 추가하는 상황이 늘어날 것이다. 넷째, 가장 빠르면서 저렴한 솔루션을 제공하고 있다고 하더라도 늘 존재할 권리가 있는 게 아니란 점을 유념해야 한다. 설문조사 고객에겐 인사이트와 안내가 더 필요하다는 걸 명심해야 한다.

함부로 예상할 수 없지만, 인공지능의 본격적인 도입과

활용 이후엔 여론조사의 명운과 관련해 엄청난 변화가 있을 것으로 보인다. 앞서 언급했던 바둑계를 비롯해 이미 여러 분야에서 워낙 커다란 변화가 전개되고 있기 때문이다. 누구나 스마트폰을 가지고 있는 것처럼 누구나 인공지능 비서를 갖게 된다면, 하루가 다르게 업그레이드되고 있는 생성형 인공지능이 여론조사를 대체하는 일도 얼마든지 상상할 수 있다. 결국, 여론조사의 미래가 현재보다 훨씬 불투명해지리란 점만큼은 확실히 얘기할 수 있을 것이다.

### 품위 있게 퇴장하는 모습을 지켜봐야 할지도

맥아더 장군은 한국전쟁을 승리로 이끄는데 결정적인 기여를 했지만 당시 트루먼 대통령에 의해 해임됐다. 그가 미국 의회에서 했던 퇴임 연설 중 다음 경구는 오랜 세월이 지난 지금도 많은 사람들이 기억하고 있다.

> 노병은 죽지 않는다. 다만 사라질 뿐이다.
> Old soldiers never die, they just fade away.

"현재의 여론조사가 사라질 것인가"라고 묻는 사람이

있다면, 이 말을 들려주면 어떨까 싶다. 물론 정확성 및 신뢰도 저하 등 많은 문제점에도 불구하고 기존 여론조사의 존재나 명예가 부정되거나 무가치하게 끝나진 않을 것이다. 다만 누적된 문제점들과 갈수록 열악한 환경으로 인해 조용히 혹은 자연스럽게 무대 뒤로 물러나는, 즉 품위 있게 퇴장할 수 밖에 없을 것이란 전망이 가능하다.

오랜 기간 지속되었던 사회조사 혹은 여론조사의 지배력이 새로운 형태의 디지털 데이터에 의해 약화될 가능성을 언급하는 연구자가 한둘이 아니다. 위기를 맞고 있는 선거 여론조사 분야에선 이미 소셜미디어를 활용한 빅데이터 및 인공지능 분석을 통해 당선자를 정확히 맞혔다는 사례가 적지 않게 나오고 있다. 이에 따라 기존 여론조사가 주변부로 밀려나거나 이중삼중으로 중복될 여지가 있는지 성찰할 필요도 있다고 경고한다.

그러나 이러한 부정적 시각과 달리 여론조사가 건재할 것이란, 즉 미래를 낙관적으로 보는 이들도 적지 않다. 여론조사가 여전히 널리 사용되고 있으면서 그 유효성을 입증하고 있다는 입장이다. 현재의 여론조사로 유권자의 심리적 사회적 변화를 온전하고도 세밀하게 담아내는 것이 한층 어려워지긴 했지만, 나름의 노력과 성과를 보여 주고 있다는 평가도 있다.

미국 일리노이대학교 커뮤니케이션 및 미디어학과 하재식 교수는 신문과방송 2025년 6월호에서 저명한 통계 분석전문가인 네이트 실버의 성과를 다음과 같이 인용하고 있다.

> (최근의 여론조사가) 과거 실수를 반복하지 않기 위해 다양한 보완 기법을 사용해 왔다. 예컨대 응답률이 낮은 보수 성향의 공화당원들을 반영하기 위해 과거 누구에게 투표했는지를 묻는 방식으로 낮은 응답률을 보완했다. … 코로나19 시대를 거치면서 보수 성향의 소수 인종들이 생활비가 상대적으로 싼 애리조나주, 조지아주 등으로 대거 이사한 점도 변수로 작용했다는 게 실버의 평가다.

많은 전문가들이 언급하고 있는 빅데이터 위협 및 활용 증가만 해도 그렇다. 기존 여론조사를 대체할지 모른다고 우려하고 있지만, 빅데이터 상당수가 여론조사 보완재로서의 역할을 수행하고 있다고 본다.

지금은 비록 소수에 불과하지만 앞으로 소셜미디어, 거래, 센서, 텍스트 등의 빅데이터를 사용한 연구의 비율이 점차 증가할 걸로 예상하는 것이 합리적이다. 그래서 나중엔 모르겠지만 지금 당장은 새로운 형태의 데이터가 설문조사의 오랜 지배력에 위협이 되고 있는 점을 찾지 못하고 있는 게 사실이다. 각종 학술저널에서 설문조사 데이터가 사용되는 논문 역시 계속 증가하고 있다.

## 빅데이터는 대체재 아니라
## 보완재 역할 수행할 것

앞서 언급했지만, 빅데이터를 도입 활용하고 있는 일부 학자들의 경우에도 독립적으로가 아니라 설문조사 데이터와 함께 보완적으로 사용하고 있다고 한다. 실제로 빅데이터를 설문조사 데이터와 결합하면 분석력이 향상된다는 점을 강조한 연구도 적지 않다. 두 번의 미국 대선을 정확히 예측한 《신호와 소음》이경식 역, 더퀘스트, 2021의 저자 네이트 실버 역시 그런 입장이다.

학술 논문에서 2차 설문조사 데이터에 대한 의존도가 증가하고 있는 것도 주목해야 한다. 정확한 단일 요인을 꼽을 순 없지만, 부분적으로는 조사 비용 증가로 인해 맞춤형 데이터 수집 활동을 지원하고 정당화하기가 어려워졌기 때문일 수 있다. 결국 조사 비용 증가가 고품질 무작위 설문조사의 수를 제한할 수 있지만, 설문조사의 분석 빈도를 줄이는 건 아니란 점이 분명해 보인다.

## 1-7

# 거짓말쟁이 혹은 나르시시스트

  사회조사 혹은 여론조사 관련 책은 재미가 없다. 특히 개론적 성격을 띠고 있는 사회조사방법론 같은 교재는 따분하기 짝이 없다. 덩달아 이런 방면의 교과목을 강의하는 교수 역시 여간 탁월하지 않고는 학생들에게 좋은 평가를 받기 힘들다고 한다. 필자처럼 탁월하기는 고사하고 형편없는 강의로 학생들에게 불편함을 끼치는 경우엔 낙제점에 가까운 평가를 받을 수밖에 없다.

  미국도 마찬가지 상황인가 보다. 우리나라 대학의 (사회)조사방법론 관련 교과목 교재로 가장 많이 채택되고 있을 것으로 추정되는 《사회조사방법론》*The Practice of*

*Social Research*, 고성호 외 10인 역, 센게이지러닝, 2021의 저자 얼바비Earl Babbie 교수는 자신의 책 서문에서 "이 과목을 맡은 교수님들은 통상 평균보다 더 낮은 강의 평가 점수를 받는 것으로 알고 있다"고 말했다.

하지만 사회조사 혹은 여론조사를 주제로 하고 있는 모든 책이 그런 건 아니다. 적절하면서도 흥미 있는 사례나 방법론을 제시하면서 읽는 재미를 제공하는 책들이 적지 않다. 사회조사 혹은 여론조사를 기본 주제로 하거나 아니면 관련 주제로 다루고 있는 책 중 필자가 강의하면서 부교재 혹은 참고교재로 삼아 왔던 것은 아래와 같다.

- 《비트 바이 비트: 디지털 시대의 사회조사방법론》, 매튜 살가닉 저, 강정한 외 3인 역, 동아시아, 2020
- 《낱낱이 파헤치는 여론조사의 모든 것》, 마크 팩 저, 김문주 역, 이사빛, 2024
- 《알고리즘이 지배한다는 착각: 수학으로 밝혀낸 빅데이터의 진실》, 데이비드 섬프터 저, 전대호 역, 해나무, 2022
- 《신호와 소음: 미래는 어떻게 당신의 손에 잡히는가》, 네이트 실버 저, 이경식 역, 더퀘스트, 2014

이들 외에도 '여론조사의 역설'이란 이 책의 주제와 관련해 독자들에게 꼭 추천하고 싶은 책은 따로 있다.《모두 거짓말을 한다》세스 스티븐스 다비도위츠 저·이영래 역, 더퀘스트, 2018와 《무엇이 인간을 만드는가》이다. 둘 다 여론조사가 여론을 제대로 담아내는 데 한계가 있다는 점을 다양한 이론과 사례를 제시하면서 적절히 지적하고 있다.

## 여론조사 응답자 상당수가 '거짓말쟁이'

사람들은 말했다. 분명히 그가 질 거야. 2016년 공화당 예비선거에서 여론조사 전문가들은 도널드 트럼프가 당선될 가능성이 없다고 결론 내렸다. 트럼프는 여러 소수 집단을 모욕했다. 여론조사 결과와 이를 해석하는 사람들은 그런 무례한 행동을 용인할 미국인이 거의 없으리라고 말했다. 당시 여론조사 전문가들은 대부분 트럼프가 선거에서 패배할 것이라고 예측했다. 트럼프의 행동이나 시각에 정나미가 떨어졌다는 것이다. 하지만 인터넷에는 트럼프가 선거에서 승리할지도 모른다는 몇 가지 단서가 존재했다.

《모두 거짓말을 한다》서론에 나오는 얘기다. 비슷한

사례는 그 이전에도 있었다. 아프리카계 미국인이었던 버락 오바마가 민주당 후보로 출마해 당선됐던 2008년 미국 대통령 선거 때다. 수많은 여론조사가 인종은 미국인들의 투표에 영향을 끼치는 요인이 아니라는 뜻을 내비쳤다. 가당치 않은 일이었지만, 버락 오바마가 흑인이라는 점을 신경 쓰지 않는다는 것이었다. 소위 '사회적 바람직성 편향'Social Desirability Bias이 나타난 셈이다.

전형적인 정보원에서는 자신의 마음을 감추었지만 인터넷 검색어에선 사람들의 악의와 미움이 고스란히 드러났다. 오바마가 대통령으로 당선된 날 미국에서 엄청난 인기를 얻고 있는 백인 국수주의자 사이트 스톰프런트Stormfront의 검색과 가입이 평소보다 열 배 많았다고 한다. 일부 주에선 '최초의 흑인 대통령'보다 '깜둥이 대통령'이란 단어를 더 많이 검색한 것으로 나타났다.

성균관대학교에서 실시하고 있는 KGSS는 우리나라에서 실시되고 있는 여론조사 중 가장 신뢰할 만한 조사다. 이 조사의 '원조'에 해당하는 것이 미국에서 실시되고 있는 GSS다. GSS에 따르면, 이성애자인 여성들은 연 평균 50회 섹스를 하고 그중 콘돔 사용률은 16%라고 한다. 미국 인구와 여론조사에 근거할 경우 연간 약 11억 개의 콘돔이 사용되어야 한다는 계산이 나온다.

그러나 이성애자 남성들은 매년 16억 개의 콘돔을 사용한다고 했다. 동일해야 할 텐데 말이다. 누가 진실을 말하고 있을까. 정답은 둘 다 아니라고 한다. 소비자 행동을 추적하는 세계적인 조사회사 닐슨Nielsen에 따르면, 매년 미국에서 판매되는 콘돔은 6억 개에 못 미친다고 한다. 결국 양에서 차이가 있을 뿐 미국인 남녀 상당수가 거짓말을 하고 있는 걸로 드러난 셈이다.

더 추가적인 설명이 필요하겠지만 여기선 생략한다. 전달하고자 하는 메시지는 분명하다. 미국의 여론조사 응답자 상당수가 거짓말을 하고 있다는 것이다. 여론조사에서의 '거짓 응답'은 여러 가지 이유가 있다. 기억하지 못하거나 실수 때문일 수 있지만, 문제는 자신도 모르게 혹은 의도적으로 거짓 응답하는 경우다. 그런 응답자가 전체 표본 중 얼마나 되는지 추산할 수 없다는 것도 난제에 포함시켜야 한다.

알다시피 모든 여론조사는 표본으로 선정된 응답자의 응답에 기초하고 있다. 표본으로 뽑힌 응답자들이 자신의 생각이나 의견을 솔직하게 있는 그대로 표명할 것이란 사실을 전제하고 있다. 만약 이런 전제가 없다면 표본 응답을 통해 모집단 특성을 추론할 수 있다는 사회조사 혹은 여론조사의 논리는 허물어질 수밖에 없다. 2025년 6월의 대통령 선거를 비롯해 수많은 선거 여론조사 및 출구조사가 실제 후보 득표율을 제대로 예측해내지 못하는 주요 이유 중 하나가 이 때문이기도 하다.

## "여론조사 결과 = 여론"이란 착각
## '나르시시스트'

언제였는지 정확히 기억이 나는 건 아니다. 여론조사에 대한 신뢰성을 담보하기 어려웠던 시절에 이런 얘기가 떠돌아다녔다. "어떻게 여론조사 결과를 '여론'으로 받아들일 수 있겠는가." 여론을 수렴하기 위한 여론조사가 실제 여론을 정확히 반영하고 있는가, 아니, 그럴 가능성이 있는가에 대해 새삼스럽게 의문을 가지는 요즘이다.

이런 의문을 다루고 있는 책이 있다.《무엇이 인간을 만드는가》는 책 읽기가 형편없이 서툴고 부족한 필자에게 가벼운 떨림과 흥분의 감정을 안겨준 책이다. 저자인 제롬 케이건은 서문에서 감히(?) 몽테뉴의 유명한 에세이 《수상록》같은 책을 써보겠다고 했다. 그래서 몽테뉴의 질문, 즉 "내가 아는 것은 무엇인가"를 보완하는 "무언가를 안다는 건 대체 무슨 의미일까"라는 주제에 초점을 맞추고 있다.

주지하듯 여론조사를 의뢰하는 고객과 여론조사회사는 특정 주제와 관련해 사람들이 이미 알고 있는 것, 즉 여론을 파악하고자 한다. 여론조사에만 의존해서 말이다. 케이건은 사람들에게 질문해, 다시 말해 여론조사를 통해 수집 형성된 여론에 대해 비판적 시각을 가지고 있다.

그는 "사람들이 자신의 감정, 믿음 혹은 과거의 삶에 대해 하는 얘기가 실제 경험을 충실히 재현하고 있는 것처럼 취급하는 사회과학자가 너무 많다"고 경고한다. 그러면서 "설문지 답변에만 의존해서 연구하는 사회과학자들에게 사람들이 자신이 믿고 느끼고 한다고 말하는 내용과 그들이 실제로 믿고 느끼고 하는 내용 사이에는 상관관계가 별로 없을 때가 많다는 것을 설득하기는 참 어렵다"고 토로한다.

그런 예는 얼마든지 있다. 가령, 대형 통신회사의 정책이나 비전, 재정 상태에 대해 거의 혹은 전혀 아는 것이 없음에도 불구하고 컴캐스트Comcast와 타임워너Time Warner 합병이 통신 요금과 더 나은 프로그램 접속에 영향을 주리라고 생각하느냐고 질문에 미국인 중 3/4, 즉 75%가 아주 확신에 찬 의견을 제시했다고 한다. 여론조사 질문 내용에 대해 별다른 지식이 없거나 아무 생각이 없는 이들을 대상으로도 '뛰어난' 응답을 요구하는 경우가 적지 않다. 응답자에 대한 고려나 배려 없이 말이다. 가령, "이번 최저 임금 결정이 우리나라 경제에 어떠한 영향을 줄 것이라고 보십니까", "한국의 에너지 정책이 앞으로 어떤 방향으로 나아가야 한다고 생각하십니까" 등 관련 분야 전문가에게 물어봐도 쉽게 답하기 어려운 질문들을 예로 들 수 있다. 응답 항목이 폐쇄형, 즉 객관식 형태를 띠고 있지만, 딱히 고르기가 애매하고 어렵긴 매한가지다. 우후죽순 생겨난 신생 조사회사가 아니라 오랜 업력을 가진 국내 메이저급 조사회사가 작성한 질문임에도 이런 실정이다.

그래서 전화나 웹 기반의 설문조사 방식을 비판하고 있는 조지 빔George Beam이란 학자는 "정말로 어떤 일이 일어나고 있는지 알고 싶다면 아예 사람들한테 물어보지 말라"고 경고한다. 어디서 많이 들어본 얘기 아닌가. 자동차 왕 헨리 포드Henry Ford가 그랬고, 애플 창립자 스티브 잡스Steve Jobs가 그랬다고 들었다.

《무엇이 인간을 만드는가》의 저자 제롬 케이건은 우리가 알고 있는 것, 즉 어떠한 지식이라도 만능 해결사일 수 없다는 입장이다. 복잡한 결과를 설명할 하나의 원인을 찾아내고 싶어하지만, 그런 건 존재하지 않는다고 본다. 많은 심리학자들이 현재의 그 사람을 존재하게끔 만든 어린 시절의 특성을 찾아내고자 했지만, 그런 개별적 특성은 그보다 더 큰 패턴 속에 있는 하나의 요소에 불과하다고 봤다. 심리적 결과의 거의 대부분 그리고 생물학적 결과 대다수는 한 가지 이상의 인과적 연쇄에 따른 결과물로 봐야 한다.

의사들은 진단명을 결정하기 전에 몇몇 종류의 정보를 꼭 확인해 본다고 한다. 경제학자들은 어떤 결론을 내리기 전에 국민총생산, 취업률, 물가상승률, 수출입 균형 등을 두루 평가한다. 또 기후학자들은 미래의 해수면 높이에 대해 말하기 전에 얼음 두께, 바닷물의 수온, 대기 중 이산화탄소 농도 등의 변화를 측정해 본다. 그래서 케이건은 다음과 같이 결론 내린다.

> 사회과학자들이 중요한 결론을 이끌어낼 때 한 가지 측정치만으로 충분하다고 가정하는 것이 이상할 수밖에 없다.

우린 그동안 미흡하기 짝이 없는 여론조사 결과를 토대로 참으로 쉽고 용감하게 결론을 도출하고 이에 따른 정책 수립 및 집행을 권고해 왔다. 두 변수가 통계적으로 '허위적 상관'Spurious correlation이었음에도 불구하고 마치 인과성이 있는 것으로 간주한 경우도 허다했다. 결국 여론조사로 대통령을 만들 수 있다거나 자치단체장이나 국회의원 당선을 보장하겠다고 목소리를 높이는 여론조사전문가는 모두 나르시시스트라고 단정할 수밖에 없다. 그렇지 않으면 브로커나 사기꾼으로 간주해야 할 것이다.

# 2부
## 여론조사 응답자를 찾습니다

## 2-1

# 그 많던 응답자는 누가 다 먹었을까

22대 국회의원 선거가 치러진 2024년. 1월부터 총선을 전망하는 여론조사가 봇물 터지듯 쏟아졌다. 여론조사의 신뢰도에 의문을 표시하면서 그걸 어떻게 믿느냐고 반문하던 사람들조차 정당 지지율, 정당 후보 지지율, 여야 심판론 혹은 정부 지원론 대 견제론의 조사 결과로 전체 판세는 물론 개별 지역구 우세 후보까지 가늠하고자 했다. 딱히 여론조사를 대체할 만한 자료가 없었기 때문이다.

여론조사엔 참여자, 즉 응답하는 사람이 필요하다. 1회 조사 유효 응답자는 1,000명가량이지만, 무수히 많은 여론조사가 실시되고 있기 때문에 엄청난 응답자들이 꾸준히 참여해야 한다. 놀라운 건 그렇게 많은 여론조사가 실시되고 있음에도 불구하고 주변에서 응답 경험을 가진 사람을 찾기가 쉽지 않다는 사실이다. 도대체 누굴 상대로 질문을 해서 그 많은 조사를 실시했단 말인가.

자신의 전화번호에 대한 접근을 원천적으로 차단한 사람들이 적지 않다. 모르는 번호를 스팸으로 처리하거나 따로 수신 차단 조치를 취한 경우다. 그런 차단을 뚫어낸 경우에도 아예 전화를 받지 않고 끊어 버리는 사람도 상당수다. 밤낮 없이 빗발치는 여론조사 전화 폭탄이 일부에게만 제한적으로 떨어지고 있는 셈이다. 그 결과 각종 여론조사가 국민 대다수에 의한 것이 아니라 한정적인 일부 응답자를 대상으로 실행되었을 거란 가정이 가능하다.

**엄청난 조사에도 불구하고
응답 경험자 별로 없어**

실제로 얼마나 많은 사람들이 여론조사에 참여하고 있는지, 조사에 참여했던 이들 중에서 다시 참여할 의향이 얼마나 있는지에 대한 객관적 통계나 검증 자료가 없다. 여론조사와 관련해 많은 연구가 실시되고 있고 또 그런 결과가 널리 공유되고 있는 미국에서조차 전체적인 추정이 어렵다고 한다.

지금까지 혹은 지난 1년간 여론조사 참여 경험이 있는지, 앞으로 참여 의향이 있는지 등을 측정한 여론조사는 간혹 있었다. 한국갤럽 데일리 오피니언에 따르면, 조사원 면접 방식에다 3일간 5회 이상의 재접촉에도 불구하고 전화 면접 성공률은 5%에 불과했다고 한다. 선거 여론조사의 경우 향후 참여 의향이 있다는 응답이 24%에 달한 경우가 있다. 그러나 이마저도 응답 경험자를 대상으로 했을 뿐 아니라 사회적 바람직성 편향 때문에 실제보다 과장되었을 것이라고 했다.

한국일보의 2025년 4월 특집 보도에 따르면, 2024년 중앙선거여론조사심의위원회가 연구용역을 의뢰해 나온 보고서에서 2023년(1~10월) 조사기관들은 약 8,000만 명에게 전화 접촉을 시도했고, 결번 등 비적격 사례를 제외한 6,100만 명 중 단 68만 명(1.1%)이 조사에 참여했다. 연구진은 "조사기관의 수많은 조사 요청과 조사 대상자의 거절, 아주 소수의 조사 참여자로 운영되는 실정"이라며 "정확한 선거 여론조사를 수행하는 게 점점 더 어려워지고 있다"고 설명했다. 선거 여론조사에 응하는 이들이 줄어들면 그만큼 조사의 신뢰성 역시 타격을 받을 수밖에 없다고도 했다. 보통 사람들의 생각을 폭넓게 파악하는 게 목적인데, 일부 정치 고관여층들만 조사에 응할 유인이 커지기 때문이다.

여론조사 응답자가 갈수록 줄어들고 있는 냉혹한 현실은 무응답률의 지속적인 증가를 통해서도 확인 가능하다. 비非접촉과 응답 거절이 뒤섞여 10% 미만의 응답률이 진작부터 보편적 추세로 자리 잡고 있다. 이마저 점점 악화될 수밖에 없을 것이란 전망이다. 한정된 무리의 응답자들은 무수히 많은 여론조사 요청에 지치고 피로감이 누적돼 총선을 앞두고 초토화될 위기에 처해 있다. 그나마 응답자 중 일부는 얼마 안 되는 사례비 유혹에 빠져 반복적으로 조사에 참여하는, 즉 응답 잘하는 '선수' 혹은 '응답 알바'로 채워져 있는 실정이다.

## 한정된 응답자의 반복적 참여로 인해 조사 결과 훼손

여론조사에 대한 참여 결정이 개인적 관심과 응답자의 공감 성향에 기반하고 있다는 것도 문제다. 그런 요인보다 조사에 대한 즐거움이나 여론조사에 대한 가치 인식을 통해 참여하는 것이 바람직하다. 하지만 일부 연구에서 밝혀진 결과에 따르면, 개인의 정치적 관심이나 활동량에 따른 극단적 성향, 타인의 부탁이나 제안을 차마 거절하지 못하는 공감 성향 등이 조사 참여의 주요 변수였다고 한다.

최근의 또 다른 연구에 따르면 여론조사 참여자 중 상당수가 남성, 고연령, 정치 관심층이라고 한다. 비非수신 또는 거절자를 대상으로 반복 접촉을 시도하고 있지만, 여성과 저연령대 응답자의 냉담한 반응을 극복하는 데 상당한 어려움이 있는 것으로 나타났다. 가령, 70대 이상 남성의 응답 성공률은 12.2%인데 반해, 30대 여성 성공률은 3.1%에 불과했다. 결국 다수의 여론조사가 극단적 정치 성향으로의 편향 가능성을 띠고 있다는 얘기다.

생뚱맞은 감이 있지만, 박완서의 자전적 소설 '그 많던 싱아는 누가 다 먹었을까'를 떠올리게 된다. 미국의 경우이긴 하지만, 여론조사 발전 초기인 1930~1960년대 각종 여론조사의 응답률은 90%에 가까웠던 것으로 알려져 있다. 그 많던 응답자는 어디로 갔을까. 누가 다 먹어버렸을까. 저조한 여론조사 응답 경험과 무응답률 증가는 개별 연구자나 조사에 국한된 문제가 아니다. '공유재' 혹은 '공유자원'Common Pool Resource 측면으로 진단할 필요가 있다.

행정학사전에 따르면, 공유재란 공공재 가운데 경합성

이 있지만 '배제 불가능한', 즉 누구나 마음껏 수확할 수 있는 재화를 말한다. 소비는 경합적이지만 배제로 인한 비용 부담이 과중해 배제 원칙이 적용되기 어려운 경우다. 어업을 전형적 사례로 들 수 있다. 수산업에 종사하는 어민이라면 누구나 풍부하되 유한한 물고기를 수확할 수 있지만, 만약 이런 일들이 적절히 규제되지 않고 너무 잦아지거나 심화될 경우 다른 어민에게 피해가 돌아갈 수밖에 없다. 시기적 제약이나 출어 횟수 및 일수, 어획량 등 규제가 없으면 공유재 유지가 어려워질 것이다.

## 공유재, 즉 응답자 유지 및 회복 통해
## 여론조사 신뢰도 높여야

여론조사 응답자도 마찬가지다. 어떤 여론조사가 한정된 응답자 자원 중 일부를 접촉하게 되면 동일 자원을 대상으로 실사를 계획하고 있는 다른 여론조사에 대한 부정적 영향이 불가피하다. 반복된 응답 참여로 인한 피로감과 매너리즘 때문에 여론조사의 두 가지 추론 중 하나인 응답의 솔직성(혹은 정확성)이 훼손될 수밖에 없다. 미국 갤럽이 지적했듯이 낮은 응답률은 "데이터 무결성에 위험을 초래하는 건 아니지만" 좋은 여론조사를 수행하는데 더 많은 시간이 걸리고 더 많은 비용이 든다는 걸 의미할 수 있다.

여론조사 응답자는 연구자 혹은 조사기관이 언젠가 잡아먹기 위해 어장에 가두어 둔 물고기 처지에 가깝다. 어쩌면 그들 중 상당수를 이미 먹어 치웠을지도 모른다. 오늘 우리 여론조사에 응답하고 있는 사람 다수가 사실은 어제까지의 조사에서 반복적으로 응답했던 사람이었을 것이다. 한정된 소수의 응답자, 이들의 변함없는 의견으로 점철된 여론조사는 위험하기 짝이 없는 편향된 조사라고 봐야 한다. 2025년 1월 이후 몇 개월간, 즉 윤석열 전 대통령 탄핵 논란 시기에 우리가 접했던 여론조사를 비롯해 지금도 우리가 접하고 있는 여론조사 상당수를 그런 조사로 분류할 수밖에 없다.

공유재 유지 및 회복이란 관점에서 다양한 대안이 마련되어야 한다. 조사 참여 요인에 대한 탐색, 조사 시행의 최소화 및 공동 시행, 응답률 제고 방안 등이 모색되어야 할 것이다. 적정 수준의 미래 모집단을 확보하고 유지하기 위해 조사 관련 이해관계자들이 어떻게 서로 협력해야 할지 심각한 고민이 필요한 시기라고 생각한다. 더 이상 늦어지기 전에 말이다.

## 2-2

# 무시할 수 없는 무응답
Non-ignorable Nonresponse

    KBS·MBC·SBS 공중파 TV 3사의 2024년 총선 KEP Korea Election Poll 예측조사 평가 보고서를 본 적이 있다. 출구조사를 기본으로 하고 있지만, 수도권을 비롯한 전국의 55개 경합 지역구를 대상으로 사전투표 득표율 예측을 위한 여론조사 결과가 포함되어 있었다.

    총선에서의 출구조사 예측이야 항상 틀리기 때문에 별로 관심이 없었다. 정작 놀라웠던 건 30%대에 불과했던 사전투표율에 비해 여론조사에서 사전투표했다는 응답자가 50%대로 나타나 커다란 차이를 보였다는 점이다. 지역구별로 편차가 있었지만, 여론조사와 실제 투표율 차이가 20%p 내외였다. 사회적으로나 윤리적으로 권장되는 일이기 때문에 실제보다 더 많은 사람들이 투표했다고 응답하는, 즉 사회적 바람직성 편향 탓으로 간주하기엔 너무 큰 격차였다.

**"사전투표했다" 50%, 실제 사전투표율 30%**

실제로 투표하지 않을 것임에도 투표하겠다고 응답하는 유권자가 제법 포함되는 것처럼 여론조사에서 사회적으로 바람직한 방향에 따라 응답하려는 경향을 완전히 차단하는 것은 불가능하다. 그러나 질문이나 질의응답 과정에서 생겨나는 이런 오차 못지않게 중요한 게 있다. 여론조사에서 답하는 응답자가 전체 국민을 대표하지 못해 발생하는 '포함(혹은 범위)오차'Coverage Error가 그것이다. 주로 표본 설계 과정에서 발생하는 포함(범위)오차는 질의응답 과정에서 발생하는 무응답자들로 인해 한층 가중될 수밖에 없다.

어떤 형태의 조사를 하든 '무응답'Nonresponse 발생은 불가피하다. 전체 응답자가 모두 참여하는 완벽한 형태의 전수조사는 불가능에 가깝다. 문제는 무응답 이유가 무작위적이거나 우리가 조사하고자 하는 변수와 무관하면 괜

찮은데, 그렇지 않은 경우 때문이다. 무응답 이유가 일부 응답자 특성이나 행동 또는 조사 주제와 밀접한 관련이 있으면 심각한 결과 왜곡이 일어날 수 있다. 결국 공중파 TV 방송 3사의 KEP 예측조사 응답자와 무응답자 간 사전투표 여부에 상당한 차이가 있었을 것으로 추정된다.

앞서 언급한 바 있지만, 무응답은 크게 무시할 수 있는 것과 그렇지 않은 것으로 구분할 수 있다. '무시할 수 있는 무응답'Ignorable Nonresponse 혹은 MCAR, 즉 Missing Completely at Random이라고도 한다은 응답하지 않는 이유가 랜덤Random, 즉 무작위적이거나 우리가 조사하고자 하는 변수와 관련이 없는 경우를 말한다. 가령, 길거리 설문조사를 하는데 단순히 바빠서 그냥 지나가는 사람이 응답하지 않은 경우, 다른 사람들과 특별히 다른 특성을 가지고 있지 않고 또 이들의 응답 여부가 설문의 내용과 직접적으로 관련이 없다고 본다. 이들은 무시하더라도 전체 결과를 왜곡하지 않는다고 판단하거나 가정한다. 통계적으로 응답한 사람들만으로도 전체 모집단 특성을 추정하는 데 문제가 없다고 보는 것이다.

문제는 '무시할 수 없는 무응답'Non-ignorable Nonresponse 혹은 MNAR, 즉 Missing Not at Random이라고도 한다이다. 응답하지 않는 이유가 우리가 조사하려는 주제나 결과와 밀접하게 관련되어 있는 경우를 말한다. 무응답자들이 응답자들과 다른 특성을 가지고 있으며, 이들의 무응답이 전체 조사 결과에 심각한 편향을 가져올 수 있다고 본다.

최근 미국에선 지난 수년간의 고용지표 기준치를 수정하는 일이 있었다고 보도됐다. 2024년 4월부터 2025년 3월까지 1년간의 고용 통계에서 원래는 약 179만 개의 일자리가 증가한 것으로 발표되었지만, 실제로는 약 88만개 증가한 것으로 수정되었다. 미국 노동통계국 설문조사에 문제가 있었다고 한다. 전체 대상 기업 중 60%가 응답한 반면 40%가 응답하지 않았다. 40%에 해당하는 미응답 기업은 응답 기업과 확연한 차이를 보였다고 했다. 폐업 일보 직전이거나 이미 망한 기업들이 대부분이었는데, 이들 기업의 고용 상황이 응답 기업 60%와 유사하리라 가정했다는 것이다.

명태균으로 상징되고 있듯이 지역 정가에서 암약하고 있는 선거 브로커의 존재, 이들이 주도하는 기형적인 여론조사 방식을 통해서도 무시할 수 없는 무응답의 실체를 파악할 수 있다. 다음은 전주시장 선거 브로커 사건을 폭로한 이중선 전 청와대 행정관이 2025년 4월 한국일보와 인터뷰한 내용 중 일부이다.

요새 일반 시민들 중 누가 여론조사 전화 받습니까. 섭외된 사람 아니면 안 받죠. 실제로 그런 방식으로 당선된 사람들이 있어요. 성공 사례가 쌓이니까 계속하는 거죠.

섭외 여부에 따라 응답 여부가 갈리는 건 전혀 무작위적이지 않으므로 표본의 대표성을 심각하게 훼손할 수밖에 없다.

## 무시할 수 없는 무응답으로 인해 심각한 편향 발생

정부가 새로운 세금 정책에 대한 여론조사를 실시하는데, 특정 계층(가령, 고소득자)이 의도적으로 설문 응답을 회피할 수 있을 것이다. 새로운 정책에 대해 강한 불만을 가지고 있는 고소득자들이 응답을 하지 않는다면, 여론조사 결과를 통해 새로운 정책에 대한 국민들의 지지가 높다는 식으로 잘못된 결론을 내릴 수 있다. 실제로 불만을 가진 사람들의 의견이 데이터에 반영되어 있지 않기 때문이다.

특정 지지층의 무응답 혹은 침묵 때문에 무시할 수 없는 무응답이 발생하고 그 결과 왜곡이 생기는 경우는 정치 여론조사에서 빈번히 목격할 수 있다. 특정 정당이나 후보를 열렬히 지지하는 사람들은 자신의 지지 성향을 적극적으로 밝히는 반면, 어떤 사람들은 자신의 정치 성향을 드러내길 꺼린다. 또 자신이 지지하는 정당이나 후보가 전체 사회적 분위기와 달라서 소수에 해당한다고 느낄 경우 응답을 회피할 수 있다. '샤이 보터'Shy Voter, 가령 영국의 샤이 보수당, 우리나라의 샤이 보수 등이 여기에 해당한다.

무시할 수 없는 무응답 때문에 선거 예측이 빗나가거나 실제 득표율과 여론조사 결과에 커다란 차이가 발생하는 현상은 유권자들에게 혼란을 초래할 뿐 아니라 여론조사의 신뢰도를 떨어뜨리는데 기여하기도 한다. 2016년과 2024년 미국 대통령 선거에서 당선된 트럼프 후보의 낮은 여론조사 지지율, 우리나라의 경우 2024년 국회의원 선거 때 부산·울산·경남 지역에 출마한 국민의힘 후보, 2025년 대통령 선거에 나섰던 김문수 국민의힘 후보 등이 여론조사 대비 득표율에서 예상 밖으로 선전한 것을 예로 들 수 있다.

무시할 수 없는 무응답은 여러 가지 다양한 이유로 발생하지만, 응답자와의 접촉 실패 및 응답 거절 등을 가장 중요한 요인으로 꼽을 수 있다. 참고로 중앙선거관리위원회 산하 선거여론조사심의위원회에서 수집 공표하고 있는 응답자 접촉률 자료에 의하면, '무시할 수 없는 무응답자' 비중이 90% 이상인 것으로 알려졌다김영원 숙명여대 교수의 2021년 3월 12일자 페이스북 게시물 재인용.

오늘날처럼 데이터에 기반해 정책을 결정 집행하는 사회에선 무시할 수 없는 무응답자들의 침묵이 어떤 함의를 가지는지 이해하는 것이 매우 중요하다. 이런 점을 무시하거나 간과한 채 응답한 사람들만의 이야기나 의견을 마치 전체의 목소리인 것처럼 잘못 받아들이게 되면 수많은 오해와 왜곡이 불가피하다. 정부 및 지방자치단체, 공공기관 등이 잘못된 정책을 결정 집행할 수 있고, 많은 기업들이 시장 상황을 잘못 판단해 엉뚱한 전략을 수립 시행할 수도 있다. 각종 여론조사나 통계가 반복적으로 현실과 동떨어진 결과를 내놓는다면 사회적 불신이 커져만 갈 수 있다는 것도 문제점으로 지적돼야 한다.

## 조사 설계, 통계적 보정, 사후 검증 및 보완 필요

보다 근본적인 해결 방안이 필요하다. 시간과 비용 등을 수반하는 형태로 말이다. 무시할 수 없는 무응답을 예방하거나 줄일 수 있는 다양한 방법들은 다음 네 가지로 구분해 살펴볼 수 있다.

첫째, 조사 설계 단계에서의 대응. 접촉 실패자를 줄이기 위해 '재접촉'Call Back 횟수를 늘리는 것이 가장 중요하다. 민감한 정보를 다룰 때엔 응답자의 익명성을 보장하고 이를 조사 대상자에게 명확히 전달할 필요가 있다. 온라인 등 다양한 자료 수집 방법을 조합해 응답률을 높이고 특정 집단이 배제되지 않도록 주의해야 한다. 조사 참여에 대한 적절한 보상 제공도 강구돼야 한다. 질문 문항을 간결하게 만들고 응답 시간을 줄이는 등 응답자 위주의 조사가 이루어질 수 있도록 노력해야 한다.

둘째, 통계적 보정. 완벽하진 않지만 무응답으로 인한 편향을 줄일 수 있는 통계적 기법들이 있다. 응답자의 특성을 고려해 모집단을 잘 대표할 수 있도록 만드는 '가중치 부여'Weighting, 무응답 매커니즘에 따라 결측값을 여러 번 추정해 불확실성을 반영한 결과를 도출하는 '다중 대체'Multiple Imputation, 무응답 확률이 조사 변수에 의존한다고 가정하고 이를 모델링하여 편향을 보정하는 '선택 모델'Selection Model 등이 있다.

셋째, 사후 검증 및 보완. 다른 신뢰할 만한 자료원과의 비교를 통해 조사 결과의 타당성을 검증하는 방식이 있다. 인터뷰나 관련 데이터를 통해 무응답 원인을 분석하거나 조사 변수 이외의 독립적인 변수를 활용해 무응답 패턴을 분석 보완할 수도 있다.

넷째, 조사 참여자의 이해와 협조. 여론조사에 대한 일반 국민들의 적극적인 참여가 필요하다. 어떤 조사든 조사의 중요성을 인지하고 성실하게 응답하는 것이 정확한 통계와 올바른 정책 수립에 도움이 된다. 또 조사 결과를 볼 때 전체 국민의 의견을 얼마나 반영하고 있는가에 대해 비판적 시각을 가짐으로써 통계학적 개념이나 단순한 수치를 넘어 사회적 약자, 침묵하는 다수, 자신의 목소리를 충분히 낼 수 없는 집단의 존재를 인식할 수 있으면 좋겠다.

무시할 수 없는 무응답에 대해선 앞으로도 계속 주시하면서 공부할 생각이다. 우선 이 개념과 관련해 연구자 두 명이 진행했던 결과물을 유심히 살펴보고 있다. Xiao-Li Meng의 2018년 논문 〈Statistical Paradises and Paradoxes in Big Data (I): Law of Large Populations, Big Data Paradox, and the 2016 US Presidential Election〉과 Michael A. Bailey의 최근 저서 《Polling at a Crossroads: Rethinking Modern Survey Research》 Cambridge University Press, 2024가 그것이다. 의미 있는 시사점이 도출될 경우 이를 정리해 추후 소개할 기회가 있었으면 한다.

## 2-3

# "반드시 투표하겠다"고 해 놓고 기권하는 유권자

 선거 때 반드시 투표하겠다는 유권자를 여론조사 단계에서 식별해내는 건 매우 어려운 일이지만 그만큼 중요하다. 투표율 예측 그 자체도 그렇지만, 투표 여부와 상관없이 집계된 지지율 대신 실제로 투표할 유권자들의 후보 지지율이 결과에 더 가까울 것이기 때문이다. 투표에 불참할 예정이거나 투표 여부가 미정인 응답자들이 여론조사에서 지지 후보를 밝히고 또 그걸 집계해 봤자 무슨 소용이 있겠는가. 미국의 경우 일반 국민 전체를 대상으로 한 것에 비해 유권자로 등록한 사람들을 대상으로 한 여론조사가 훨씬 신빙성을 갖는 것도 이 때문이다.

응답자의 속마음을 알아낼 마땅한 방법이 없으므로 "반드시 투표하겠다"는 투표 확실층을 여론조사로 잡아내는 일은 말처럼 쉽지 않다. 그럼에도 지금까지 관행적으로 여론조사 응답을 통해 투표 확실층 규모를 추정하곤 했다. 가령, "이번 선거에서 투표할 생각입니까"라는 질문을 통해서다. 응답 항목 중 '꼭(반드시) 투표할 것이다'라는 '적극적 투표층'만 집계하는 경우가 있는가 하면, '아마(가능하면) 할 것 같다'라는 '소극적 투표층'까지 합쳐서 예상 투표층으로 집계하는 경우도 있다.

## 실제 투표율은
## 투표 확실층(80% 이상)보다 낮을 것

2025년 5월 21대 대통령 선거를 한 달가량 남겨둔 시점에서 실시된 여론조사를 예로 들어보자. YTN-엠브레인퍼블릭2025.5.4.~5., 1,007명 조사에 의하면, 투표 의향 질문에 대한 답변은 '반드시 할 것' 85%, '가능하면 할 것' 11%였다. JTBC-메타보이스2025.5.4.~5., 1,010명 조사에선 '반드시 투표하겠다' 83%, '가급적 투표하겠다' 8%였고, 동아일보-리서치앤리서치2025.5.4.~5., 1,013명 조사의 경우 '반드시 투표할 것이다' 88.2%, '대체로 투표하겠다'

6.3%였다. 전국지표조사 154호2025년 5월 2주에선 '반드시 투표할 것'이란 적극적 투표층이 84%로 집계됐다.

'반드시 투표할 것'이란 적극적 투표층만 예상 투표층으로 집계하더라도 작게는 83%에서 많게는 88%에 달할 만큼 높다는 것을 알 수 있다. 이런 결과에 기반해 여론조사기관이나 언론에선 별다른 생각이나 의문 없이 높은 투표율을 예상하는 결과를 내놓거나 그런 방향으로 기사를 보도하곤 한다. 심지어 적극적 투표층과 소극적 투표층을 합산해 매우 높은 투표율을 예상하기도 한다.

문제는 이처럼 여론조사에서 높게 나타난 투표 의향이 실제 선거 때의 투표율에 미치지 못한다는 것이다. 대통령 선거의 경우 국회의원 선거나 지방 선거에 비해 투표율이 높은 건 사실이지만, 80%를 넘긴 적이 없다. 2017년 19대 대선은 77.2%, 2022년 20대 대선에선 77.1%였다. 여론조사 투표 의향 대비 대략 10%p가량 낮은 투표율을 보여 주고 있는 셈이다. 21대 대선의 경우에도 실제 투표율은 79.4%로 여론조사에 기초한 예상 투표율(83~88%)에 미치지 못한 것으로 나타났다.

사회적 바람직성 편향에 따라 적지 않은 유권자들이 실제 행동과 상이한, 다시 말해 실제 투표를 장담할 수 없음에도 불구하고 사회적으로 바람직한 방향으로 응답을 했다는 얘기다. 여론조사에서 나타난 투표 의향과 실제 투표율 간 괴리는 비록 투표할 가능성이 낮더라도 "투표하겠다"고 말해야 한다는 사회적 압박감 때문일 가능성이 높다. 과거에 비해 그런 압박감이 사라졌거나 낮아졌음에도 불구하고 투표 의향 질문의 유효성이 여전히 개선되지 않고 있음을 보여 주고 있다.

질문지 작성의 기본 지침과 관련해 '묵인 (혹은 동조) 편향'Acquiescence Bias이 작용했을 가능성도 있다. 질문의 내용과 무관하게 무조건 수긍하는 쪽으로 응답하려고 하는데, 특히 저학력 고연령층에서 그런 경향이 나타난다. 비자발적으로 조사에 응하는 응답자 중 일부도 이런 편향에 노출되기 쉽다.

## 사회적 압박감으로 인한 허위 투표 의향 포함

태도나 의향 질문을 통해 실제 행동을 충분히 예측할 수 있는 방법이 마땅치 않은 건 사실이다. 하지만 미국 등 선진국의 조사 방법 논문에선 투표 의향 외에 추가적인 질문을 통해 투표 확실층 비중에 일정 수준의 가중치를 부여해 예상 투표율을 조정하는 방식을 사용하곤 한다. 가령, 지난 선거 때 투표했는가, 선거공보를 읽어본 적이 있는가, 투표일이 언제인지 아는가, 투표소 위치를 알고 있는가, 사전투표를 할 예정인가, 누구와 함께 투표하러 갈 예정인가 등의 질문이 그것이다.

만약 실제 행동을 유추해 볼 수 있는 이런 질문에 대한 응답이 부정적이거나 애매한 경우 실제 투표 행동으로 이어질 가능성이 낮을 것이란 가정에 기반하고 있다. 이에 기초한 수치를 가중치 부여 방식으로 투표 의향 응답에 반영해 예상 투표율을 하향 조정하는 방식을 사용한다. 가령 적극적 투표층, 즉 반드시 투표하겠다는 응답자 중 지난 선거 때 기권했거나 투표소 위치를 모르는 경우엔 가중치 부여를 통해 비중을 줄이는 방식이다.

예외적인 경우가 있기는 하지만, 어떤 선거든 여론조사 질문 개수는 3~5개로 별로 많지 않은 편이다. 심지어 질문 개수에 제한을 받는 ARS로 조사를 진행하더라도 추가적인 질문이 가능하다는 얘기다. 특히 면접원 질문 방식으로 조사를 진행할 경우엔 관련 질문 중 몇 개를 추가하여 보다 실제에 가까운 투표율을 산정 보도할 필요가 있다. 그렇게 할 경우 투표율 예측 뿐 아니라 후보별 지지율 예상에 있어서도 보다 나은 결과를 얻는데 도움을 받을 수 있으리라 기대한다.

2-4

# '조금 잘하는' 대통령, '조금 잘못하는' 대통령

대통령과 국회의원 등 정치인, 지방자치단체를 이끌고 있는 시도지사, 정부 부처 책임자 및 일반 대기업 CEO 등의 직무 수행에 대한 평가는 대개 4점 척도로 이루어진다. 강한 긍정, 약한 긍정, 약한 부정, 강한 부정이 그것이다. 여기에 중간 응답, 가령 '보통이다', '중간이다', '그저그렇다' 중에서 하나를 포함해 5점 척도로 묻기도 한다.

2024년 7월 29~31일 참여연대가 리서치뷰에 의뢰한 여론조사를 살펴보면, 대부분의 질문을 5점 척도로 묻고 있지만, 윤석열 대통령 및 22대 국회 의정에 대한 평가는 4점 척도로 묻고 있다. '매우 잘함', '다소 잘함', '다소 잘못함', '매우 잘못함' 중에서 하나를 고르는 방식으로 말이다.

학계는 물론 대다수 조사기관이 그렇게 하고 있다. 특별히 문제가 있는 건 아니지만, 문득 이런 생각을 해 봤다. 대통령을 포함한 정치인이나 관련 단체장의 직무 수행을 평가할 때 대개 응답 항목 4개를 차례대로 불러 주고 하나를 고르도록 한다. 그런데 만약 응답자가 무심하거나 잠깐 다른 생각을 한 상태에서 우연히 응답 항목 4개 중 2개만 들었다면 어떤 반응을 보여줄 것인지에 대해서다. 그런 응답자가 어디 있냐고 반문할지 모르겠지만, 조사자가 기대하는 만큼 질문이나 응답 항목에 집중하는 응답자는 그렇게 많지 않다.

윤석열 대통령 및 22대 국회 의정을 묻고 있는 참여연대-리서치뷰 조사에서의 '다소 잘함'과 '다소 잘못함' 항목을 예로 들어보자. '조금 잘하는' 대통령 혹은 국회와 '조금 잘못하는' 대통령 혹은 국회 중 누가 해당 직무를 잘 수행한 걸로 볼 수 있을까. 다시 말해 자신의 직무를 '조금 잘하는' 정치인이 나을까, '조금 잘못하는' 정치인이 나을까라는 질문에 대해서다. 정파성을 떠나, 즉 윤석열 전 대통령이든 이재명 대통령이든 어떤 정치인에게도 해당하지 않을까.

# 4점 척도 대신 3점 척도 혹은
# 2개의 질문으로

생뚱맞게 무슨 소리냐고 하는 분이 있을지 모르겠다. 명확히 구분되지 않을 때도 있지만, 특정 질문이 서로 상반되는 양방향을 묻는 건지 아니면 특정의 일방향을 묻는 질문인지부터 잘 살펴야 한다. 인공지능 발전과 일자리 감소 등의 질문을 예로 들어보자. 인공지능 발달로 인해 일자리가 줄어들 것인지 오히려 늘어날 것인지 묻는 경우는 양방향인데 반해, 인공지능 발달로 인한 일자리 감소 위험이 어느 정도인지 묻는 건 일방향을 묻는 질문에 해당한다.

어떤 정치인이든 기본적으로 국가를 위해 또 정당을 위해 헌신할 것이란 믿음이 있다면, 해당 정치인의 직무 수행에 대한 평가는 얼마나 긍정적인지를 묻는, 즉 일방향이어야 한다고 생각한다. 만약 그런 믿음이 없거나 정치인을 두 부류로 나눌 수 있다고 생각하면 양차원, 즉 중간(보통)을 중심으로 얼마나 긍정적 혹은 부정적인가를 물어야 할 것이다.

정치인에 대한 믿음과 관련해 앞의 두 가지 중 어떤 입장을 가지고 있는지 모르겠다. 물론 자신이 좋아하거나 비슷한 이념 성향을 가지고 있는 정치인과 그렇지 않은 정치인에 따라 입장을 달리할 수도 있을 것이다. 만약 정치인이 국가에 헌신할 것이라는 믿음을 가지고 있을 경우, 정치인이 자신의 직무를 제대로 수행하지 못하고 있다는 건 수치로 표기할 경우 -100%가 아니라 0%여야 한다는 게 필자의 생각이다.

이와 관련해선 필자의 페이스북에서 몇 차례 다룬 적이 있다. 2024년 2월 1일자 '전혀 동의하지 않는다는 0%일까 -100%일까요', 2월 10일자 '핵무기 실제 사용 위험 인식, 몇 점 척도가 좋을까요' 등이 그 예시이다. 만약 정치인이 자신의 직무를 대개 긍정적으로 수행하겠지만 때론 부정적으로 수행할 수도 있다고 전제한다면, 약한 긍정, 즉 '조금 잘하는' 정치인보다 약한 부정, 즉 '조금 잘못하는' 정치인이 직무 수행을 더 잘하고 있다는 '다소 엉뚱한' 결과가 초래될 수도 있지 않을까.

## 리커트 척도에 대한
## 무비판적 사용 경계해야

결국 대안은 두 가지다. 하나는 '3점 척도'이다. 양방향 대신 일방향 혹은 단방향을 묻는 경우에 특히 그렇다. 직무 수행의 경우 0~10%에 가까운 응답 항목, 40~60% 전후, 90~100%에 가까운 응답 항목 세 개를 제시하는 것이 방법이다. 해당 용어나 부사 표현이 조금씩 다를 수 있겠지만, 대략 '별로 혹은 전혀 잘하지 못하고 있다', '중간 혹은 보통 수준이다', '잘하고 있거나 잘하는 편이다' 등으로 제시하면 된다.

또 다른 대안은 '두 개의 질문으로 분리'이다. 긍정 및 부정, 즉 직무 수행을 잘하는지 혹은 잘못하는지를 먼저 묻는다. 그리고 나서 각각에 대해, 즉 잘한다는 응답자에겐 얼마나 잘하는지, 잘못한다는 응답자에겐 얼마나 잘못하는지 그 정도를 묻는 형식이다.

어쨌든 척도형으로 질문을 만들 경우 관행적으로 4점 응답 척도를 사용하는 것에 대해 분별력과 경각심을 가질 필요가 있다고 생각한다. 그렇지 않으면 자칫 '조금 잘하는' 대통령 혹은 정치인보다 '조금 잘못하는' 대통령 혹은 정치인이 더 나은 게 아닌지 의문이 제기될 수 있음에 유의해야 한다.

설문조사 혹은 여론조사는 특히 미국의 경우 오랜 역사를 가지고 있다. 장기간 축적된 연구와 많은 자료로 인해 커다란 발전이 이루어진 것도 사실이다. 그러나 새로운 기술 발전과 조사 환경의 급속한 변화, 예전에 비해 다양해지고 크게 달라진 응답자들로 인해 기존 방법론 및 조사 방식에 대한 재검토와 유연한 접근이 요구되고 있다.

우리나라의 문화적 상황을 감안하지 않고 미국의 조사 방법을 거의 무비판적으로 받아들이고 있는 것도 재고되어야 한다고 본다. 질문과 응답 항목 구성의 대표 주자 격인 리커트 척도Likert scale 역시 그 대상 중 하나다. 1970~1980년대 정치적으로 혼란스럽고 어두웠던 시절에 찬반 논란이 거세었던 '한국적' 민주주의와 달리 '한국적' (사회)조사방법론 논의와 연구는 얼마든지 열려 있어야 하고 또 다양한 시도가 필요하다고 생각한다. 때늦은 감이 있긴 하지만 말이다.

## 2-5

# '전혀 동의하지 않는다'는
# 0%일까, -100%일까

 

2024년 1월 세계일보가 창간 35주년 기념으로 한국갤럽에 의뢰해 발표한 여론조사에는 다음 세 가지 주장에 대한 동의 여부를 묻는 질문이 포함되어 있다. 1980년대 운동권 출신 정치인이 총선에 출마하지 말아야 한다는 주장, 현재 60세인 법정 정년을 국민연금 수급 개시 연령에 맞춰 늦춰야 한다는 주장 그리고 인공지능, 즉 AI 때문에 일자리가 줄어들 것이란 주장 등이 그것이다.

    세 가지 질문에 대한 응답 항목은 4점 척도, 즉 '매우 동의한다', '어느 정도 동의한다', '별로 동의하지 않는다', '전혀 동의하지 않는다' 중에서 하나를 선택하도록 되어 있다. '매우 동의한다'와 '어느 정도 동의한다'는 응답은 각 주장에 대한 긍정적 의사 표시, 나머지 두 개 항목은 동의하지 않는, 즉 부정적 의사 표시로 합산되는 구조다.

## 4점 응답 척도는 '등간'에 가깝게 구성해야

어떤 진술이나 주장에 대한 동의 여부를 물을 경우 두 가지 형태의 응답 항목 구성이 가능하다.

첫째, 2점 척도. 단순히 동의 여부를 답하는 응답 항목 2개, 즉 '동의한다'와 '동의하지 않는다'만 제시하는 경우다. 이럴 때 '동의하지 않는다'는 항목이 찬성하지 않는다는, 가령 소극적으로 찬성하거나 중립적이란 의견인지 아니면 강하게 반대한다는 뜻인지 구분하기 어렵다는 점이 있다. 또한 동의하는 정도Degree 혹은 강도Intensity를 알아볼 수 없다는 한계도 있다.

둘째, 4점 척도. 동의 혹은 비非동의에 대한 강도 혹은 정도를 알아보기 위해 앞선 세계일보-한국갤럽 조사처럼 강한 긍정과 약한 긍정, 약한 부정와 강한 부정에 해당하는 4개 응답 항목을 제시하는 경우를 말한다.

여기서 문제를 제기하고자 하는 건 4점 척도에 대해서

다. 논란의 여지가 있지만, (찬반이 아니라 동의 여부라는) 단일 차원을 물을 경우 '서열'Ordinal을 넘어 '등간'Interval 척도로 응답 항목을 구성하기가 쉽지 않다. 이번 조사처럼 '매우 동의한다', '어느 정도 동의한다', '별로 동의하지 않는다', '전혀 동의하지 않는다'는 각 항목이 서로 비슷한 간격으로 배치되어 있느냐는 문제 제기가 그것이다.

"운동권 출신 정치인이 총선에 출마하지 말아야 한다"는 주장을 예로 들어 보자. '별로 동의하지 않는다', 즉 부정적 의사를 약하게 표시한 응답자는 어떤 얘기를 하고 싶었을까. 추측컨대 "사람에 따라 다를 수 있지만, 가급적 출마하지 않는 게 좋겠다"는 완곡한 혹은 온건한 입장일 것이다. 그럼, '전혀 동의하지 않는다', 즉 "출마하지 말아야 한다"라며 부정적 의사를 강하게 표시한 응답자는 어떨까. 그런 주장에 상관없이 총선에 출마해야 한다는 적극적 반응일까.

4점으로 된 응답 척도를 백분율로 환산하면 응답 항목 간 간격이 좀 더 분명해질 수 있다. 각 질문에 대한 부정적 의사 표시를 소극적으로 받아들일 경우 '별로 동의하지 않는다'는 20~30% 전후, '전혀 동의하지 않는다'는 0~5%가량 동의하는 걸로 볼 수 있다. 만약 적극적 의사 표시라면 어떻게 될까. '별로 동의하지 않는다'는 응답은 총선 출마 반대에 대한 약한 부정, 즉 백분율로 −40~ −50%가량일 것이다. '전혀 동의하지 않는다'는 강한 부정은 −90~−100%에 해당할 테고 말이다.

### 강한 동의(90~100%), 약한 동의(40~60%), 동의하지 않음(0%)

질문 내용에 따라 차이가 있을 수 있겠다. 총선 불출마 경우엔 반대 차원, 즉 출마라는 명확하게 단일한 상황을 상정할 수 있다. 그러나 법정 정년 연장에 반대한다는 건 현재처럼 60세로 하자는 의견인지 아니면 연금 수급 연령대를 늦추는 것 자체에 대한 반대인지 분명치 않다.

AI로 인한 일자리 감소 역시 비슷하다. 일자리가 줄어들 것이란 주장에 대한 반대가 그렇지 않을 것, 즉 줄어들지 않을 것이란 의미인지 아니면 오히려 일자리가 늘어날 수도 있다는 의미인지 모호하다.

미래학 연구기관인 다빈치연구소Davinci Institute 토마스 프레이Thomas Frey 소장과 같은 미래학자의 경우 AI로 인해 일자리가 줄어드는 건 사실이지만, AI 활용과 관련해 부가적인 일자리가 새롭게 생겨날 것이라고 주장한 바 있다.

단순한 동의 혹은 찬반 여부는 물론 그 강도 혹은 정도까지 알아보고자 할 경우엔 3점 척도가 어떨까 하는 생각을 가지고 있다. 강한 동의(90~100%), 약한 동의(40~60%), 동의하지 않음(0%) 이렇게 말이다. 물론 꼭 이렇게 만들어야 한다는 정답은 없다. 조사에 따라 또 응답자에 따라 얼마든지 상이할 수 있겠다. 단지 관행적으로 혹은 무심하게 긍정 2개, 부정 2개로 응답 항목을 구성하는 듯한 모습은 지양해야 하지 않을까.

한국갤럽은 해마다 새해 전망 조사 결과를 발표하고 있다. 무려 45년째다. 2024년에도 세계 국가별 새해 전망과 경제 및 정세에 관한 전망 그리고 우리나라의 경우 경기·살림살이·국제분쟁·실업자·노사분쟁 등에 대한 조사 결과를 소개하고 있다.

특별히 추가된 질문이 하나 있는데, 핵무기 실제 사용 위험성 인식이 그것이다. 2023년 10~12월 우리나라 등 41개국 국민을 대상으로 "오늘날 핵무기가 실제로 사용될 위험성에 대해 어떻게 보십니까"라고 물었다. 전체 평균은 '위험성 높다' 40%, '어느 정도 있다' 37%, '위험성 없다' 14%, '모름/응답 거절' 8%였다. 2023년 11월 2일부터 12월 4일까지 만 19세 이상 1,550명을 대상으로 한 우리 국민 조사에선 차례대로 26%, 54%, 24%, 2%였다.

# 핵무기 실제 사용 위험 인식…
# 몇 점 척도가 좋을까
## '(위험성이) 어느 정도 있다' 해석에 주의 필요

관심을 끄는 건 응답 항목이 3점 척도라는 것이다. 세계 여러 나라 비교 조사에서 해당 질문에 대한 응답 항목으로 3점 척도가 더 타당하다고 볼 수 있지 않을까 싶다. 굳이 정답은 없지만, 개인적으로 위험성 유무와 위험한 정도를 동시에 판단할 수 있겠다는 생각 때문이다. 응답 결과에 대한 해석 역시 측정한 척도에 맞췄으면 하는 의견을 갖고 있다.

필자의 이런 생각과 달리 한국갤럽은 3점 척도에 대해 다소 자의적인 해석 방식을 사용하고 있다. 응답자에게 제시한 응답 항목 척도를 있는 그대로 받아들이지 않고 있는 것처럼 보인다. 한국갤럽은 '위험성 높다'와 '어느 정도 있다' 둘을 합쳐서 위험성 있다는 비율을 산정하고 있다. 그들이 발간하고 있는 데일리 리포트에서 다음과 같이 언급하고 있다.

> 핵무기가 실제로 사용될 위험성에 대해서는 '위험성 높다' 40%, '어느 정도 있다' 37% 등 39개국 시민 넷 중 세

명(77%)이 우려를 표했다. 14%는 '위험성 없다'고 답했고, 8%는 의견을 유보했다.

이 경우에 핵무기 사용 위험성이 '어느 정도 있다'는 응답이 위험하다는 표현인 건 맞지만, 위험성을 과장하는 쪽으로 잘못 사용될 수 있다. 다른 한편으로 위험성이 있긴 하지만 별로 높은 게 아니라는 의미를 띨 수도 있다. 만약 위험성 유무를 판단하고 싶다면 2점 척도로 하는 것이 타당하지 않을까 싶다. 가령, 경제가 '좋아질 것', '나빠질 것', 정세가 '평화로울 것', '혼란할 것'처럼 말이다.

비슷한 유형의 질문일 경우 한국갤럽은 대개 4점 척도로 응답 항목을 만들고 있다. 가령, 뉴스1 의뢰로 2024년 2월 6~7일 실시한 인천광역시 현안 조사에서 "운동권 출신 정치인 심판" 및 "검찰 독재정권 심판" 주장 각각에 대한 동의 여부를 '매우 동의한다', '어느 정도 동의한다', '별로 동의하지 않는다', '전혀 동의하지 않는다'로 측정하고 있다. 의뢰처의 요구가 있었기 때문일까, 아니면 그때그때 다른 것일까.

흔히 질문지 작성의 기본 원칙 혹은 일반적인 가이드 및 유의사항, 질문 내용이나 형식에 대해 논의할 때 질문 문항에 집중하는 경향이 있다. 질문지 형식에 따라 다소 차이가 있기는 하지만, 하나의 질문은 질문 문항과 응답 항목으로 구성된다. 질문 문항의 중요성 못지않게 응답 항목 작성에도 관심과 주의가 필요하다는 점을 강조한다.

# 3부 예측 실패의 여론조사 정치학

## 3-1

# 여론조사 통한 선거 예측 성공,
# 잊거나 무시해야

어떤 선거든 마찬가지겠지만 수많은 예측이 출몰하곤 한다. 2024년 4월 22대 국회의원 선거를 앞두고서도 그랬다. 민주당이 과반을 넘길 것이란 대다수 전문가들의 예상과 달리 "이번엔 민주당 박빙 열세"라는 다소 의외의 전망도 그중 하나였다. 성한용 한겨레신문 선임기자가 이근형 전 더불어민주당 전략기획위원장을 인터뷰한 내용이 2024년 1월 한겨레신문에 게재됐다. 오마이뉴스가 이 기사를 토대로 다시 요약 보도한 내용은 다음과 같다.

성한용(한겨레 선임기자)이 이근형(전 더불어민주당 전

략기획위원장)을 만났다. 지난 총선 때 민주당이 180석 얻을 거로 예측했고, 2004년 노무현 탄핵 직후엔 열린우리당 152석을 정확히 예측했다. 2016년에는 "어느 당이 1당이 될지 알 수 없을 정도로 초박빙"이라고 했는데 실제로 민주당과 새누리당이 각각 123석과 122석을 나눠 가졌다.

그랬던 이근형이 이번 선거는 "좋지 않다"면서 "민주당이 박빙 열세"라고 분석했다. 지난 총선 때 문재인(당시 대통령) 지지율은 긍정 평가와 부정 평가가 비슷했지만, 정당 지지율은 민주당이 크게 앞섰다. 성한용은 "선거에서 가장 위험한 것이 바로 근거 없는 낙관론"이라고 지적했다. "방심과 나태로 이어지기 때문"이다.

이근형의 조언은 "윤석열을 잡아야 한다"는 것이다. 언론이 한동훈을 따라간다고 같이 따라가면 안 된다는 이야기다. 이번 총선은 두 당의 지지율이 엎치락뒤치락하는 상태다. "위기가 아닌데도 긴장을 불어넣기 위해 위기라고 규정하는 경우가 있고, 반대로 실제로는 위기인데도 위기라고 하면 책임을 져야 하니까 짐짓 위기가 아닌 척하는 경우가 있다. 지금 민주당은 후자인 것 같다"고 했다.

## 총선 전망 족집게? 늘 맞힐 순 없다

흥미로운 기사다. 두 가지 생각이 들었다. 첫째, 매우 위험하고 무모한 예측이다. 2개월 이상 기간이 남았고, 공천 갈등과 탈당, 신당 영향력, 막판 돌발 변수 등 총선 판세에 영향을 미칠 변수들이 널려 있기 때문에 아무리 뛰어난 예측전문가라도 신중해야 하는데, 전혀 그렇지 않았기 때문이다. 그런 변수들로 인해 예측은 변할 수밖에 없고 또 지속적으로 업데이트되어야 한다. 따라서 향후 변수까지 고려해 정확하게 선거 예측을 할 수 있는 사람은 없다고 봐야 한다.

어떤 전문가든 늘 정확한 예측을 할 순 없다. 여러 차례 정확하게 전망한 경험이 있다고 해도 말이다. 1936년 리터러리 다이제스트Literary Digest의 예측 실패 때 혜성처럼 나타나 선거 여론조사의 새 역사를 썼던 미국 갤럽은 최근 세 번이나 대통령 선거 예측에 실패했다. FiveThirtyEight.com 창립자였다가 최근엔 독자적인 블로그 Silver Bulletin을 만들어 활약하고 있는 네이트 실버도 오바마의 당선 및 재선을 정확히 예측했지만, 2016년 클린턴-트럼프 대결에서 끝내 실패를 맛봤다. 2020년 미국 대선 때 가장 정확했던 조사기관은 공화당 압승 예상을 깨고 민주당이 선전한 2022년 중간 선거에서 가장 부정확했던 것으로 밝혀졌다고 한다.

네이트 실버가 자신의 예측 실패 경험에서 얻었던 교훈은 세 가지라고 밝힌 바 있다. 대충 이런 얘기였다. "여론조사 결과와 실제 투표 결과 간 편향은 예측하기 어렵다. 과거 선거 때의 경험이나 자료가 중요한 예측 기반이긴 하지만, 그런 일이 다시 일어난다고 보장할 수 없다. 성공 경험이 많은 유력 여론조사기관의 판단이라고 하더라도 늘 맞는 건 아니다." 아무리 결정적인 자료나 데이터에 기반하더라도 선거 예측은 신중해야 하며, 지나친 확신은 성공보다 실패로 귀결될 가능성이 높다는 경고였다.

## 예측 틀리더라도
## 민주당 승리 위해 위기 강조한 듯

둘째, 비록 '박빙 열세'란 예측이 틀리더라도 위기를 강조해 민주당의 선거 승리에 기여하고 싶은 의도가 있지 않을까 생각한다.

선거에서 낙관적 사고가 금물인 건 맞다. 그러나 총선 구도 조사에서 정부 견제론 혹은 야당 후보를 찍어야 한다는 응답이 정부 지원론 혹은 여당 후보를 찍어야 한다는 응답보다 지속적으로 우세한 것이 사실이었다. 이에 기반해 야권이 200석 가까운 의석을 획득할 수도 있단 전망을 근거 없는 낙관론으로 치부하고 있다. 민주당의 희망적 관측 혹은 사기 진작용일 수 있지만, 여권이었던 국민의힘에서조차 엄살이 아닌 객관적 관측으로 받아들이고 있었다. 총선 판세가 정당 지지도에 따라 좌우된다는 논리도 허술했다. 정당 지지 여부에 따른 격차가 각 정당 의석수에 얼마나 영향을 주는지에 대해서도 입증된 적이 없다.

이근형 더불어민주당 전 위원장이 비슷한 '전과'를 가지고 있는 점도 의심스럽다. 지난 21대 총선 때 민주당 전략기획위원장이었던 그는 당시 언론 인터뷰에서 실제론 '지역구+비례대표 180석' 확보가 가능할 것으로 판단했음에도 불구하고 '130석 플러스 알파'라고 대외 발표용 엄살을 부린 경험이 있다. 실제적인 판단과 달리 얼마든지 '페이크'를 쓸 수 있는 사람이란 얘기다.

2024년 22대 총선에서 "민주당이 근소한 차이로 국민의힘에 패배할 것"이란 이 전 위원장의 전망은 결국 크게 어긋난 것으로 판명됐다. 더불어민주당은 지역구 254석 중 161석에다 비례대표 14석을 포함해 175석이란 압도적 승리를 거뒀다. 국민의힘은 지역구 90석과 비례대표 18

석을 포함해 108석을 얻는 데 그쳤다. 위기를 강조해 민주당의 승리에 기여했음에도 불구하고 이 전 위원장 개인적으론 족집게 지위를 내려놓을 수밖에 없는 결과였다. 여느 전문가들처럼 아무리 예측 경험이 뛰어나더라도 늘 맞힐 순 없다는 사례를 추가한 셈이다.

## "현재 여론조사를 뻥튀기한" 판세 예측…
## 정확성은 '복불복'

이근형 전 위원장 외에도 많은 전문가들이 위험을 무릅쓰고 예측에 뛰어들곤 한다. 22대 총선이 예정돼 있었던 2024년 초부터 여러 매체가 다양한 판세 예측을 내놨다. 엄밀하게 말하면 매체 의견이 아니라 전문가들의 판세 예측을 수집 보도한 것이다.

신동아 3월호는 엄경영 시대정신연구소장과 유승찬 스토리닷 대표의 예측을 소개하고 있다. 엄 소장은 전국 253개 지역구 중 "국민의힘 149석, 민주당 104석", 유 대표는 "민주당 133석, 국민의힘 118석"이라고 했다. 2020년 총선에서 민주당 등 야당이 180석을 차지할 것이라고 정확히 예측했던 엄 소장은 라디오 인터뷰에서 비례를 포함한 민주당 의석이 105석에 그칠 것이라고 전망했다.

폴리뉴스는 김능구 대표가 3명의 전문가, 즉 홍형식 한길리서치 소장, 차재원 부산가톨릭대 특임교수, 황장수 미래경영연구소장과의 좌담회를 통해 '종합적으로' 총선 결과를 전망했다. 국민의힘이 142~154석으로 민주당 136~140석을 꺾고 제1당이 될 것이고, 개혁신당, 새로운미래, 녹색정의당 등 제3지대 소수정당은 20석을 얻을 것으로 예측했다.

일요서울은 엄경영 시대정신연구소장 등 전문가 7명에게 총선 전망을 의뢰해 국민의힘이 170석을 차지할 것이란 예측에서부터 양대 정당이 의석을 분점할 것이라는 등 다양한 의견을 전달했다. 이와 별개로 경기도 안산상록갑 공천을 받은 장성민 후보가 국민의힘이 과반, 즉 150~160석을 얻을 것이라고 전망했다가 한동훈 비상대책위원장으로부터 경고를 받기도 했다.

전문가에 따라 총선 판세 예측이 판이했던 건 여론조사를 포함해 동일 이슈에 대한 시각이나 관점이 달랐기 때문이다. 민주당 정체·하락 및 국민의힘 상승이란 최근의 정당 혹은 정당 후보 지지율 변화는 물론이고 양당의 공천 갈등 및 파급력, 제3지대 이합집산, 이로 인한 수도권과 충청권 영향력 등에서의 엇갈린 반응을 반영하고 있다.

## 미덥지 않은 전문가의 조사 시점 판세에 불과

이 모든 건 전문가의 "모든 예측은 오늘의 여론조사 수치를 가지고 미래에 대한 이야기로 뻥튀기한 것"A Number From Today and A Story About Tomorrow이란 점을 인식할 필요가 있다. 자신이 좋아하는 혹은 믿고 싶은, 결국 상당히 주관적인 견해가 반영된 예측에 가깝다고 봐야 한다. 이와 관련해 최근 미국에서 성행하고 있는 여러 여론조사 결과를 합친 확률 추정치(가령, FiveThirtyEight.com, RealClearPolitics, Huffington Post) 역시 그 효능에 의문이 제기되고 있다. 미국여론조사협회AAPOR의 견해에 따르면, 선거 여론조사 예측은 확률 추정치가 아니라 시간의 스냅샷에 가깝다. 투표일까지의 축적된 판단도 중요하지만, 당일 투표소에서의 순간적 감각이나 우연이 더 결정적일 수 있다는 얘기일 것이다.

이밖에도 전문가들의 총선 판세 예측을 '다큐'가 아니라 '예능'에 가까운 것으로 받아들여야 할 이유가 적지 않다.

첫째, 전문가들의 과거 총선 예측 결과가 미덥지 않기 때문이다. 가령, 월간조선 2020년 4·15 총선 특집에서 정치평론가들이 보는 총선 판세는 "미래통합당 제1당 될 것, 의석수는 140석 이상"과 "수도권은 민주 6 대 미통 4

수준으로 미래통합당이 선전할 것, 여당인 민주당은 코로나19 사태 및 경제 상황 악화로 고전할 것"이었다. 그러나 민주당이 180석을 차지했고, 미래통합당은 103석에 그쳤다. 121석이 걸려 있던 수도권에서 선전할 것으로 예측됐던 미래통합당은 고작 16석으로 참패를 당했다.

둘째, (투표 시점이 아니라) 조사 시점의 예측에 불과하기 때문이다. 총선 한두 달 전만 하더라도 민주당이 150석을 넘길 것이란 전망에 대다수 전문가들이 동의했었다. 국민의힘은 100석을 넘길까 말까 한 수준이었다. 당시 분위기나 여론조사가 반영된 일희일비성 예측은 늘 신중해야 한다. "좋은 소식이 담긴 여론조사 하나에 대한 환호성은 한 번으로 족하다"는 얘기가 있다. 위험한 유혹에 빠지지 않기 위해선 적어도 세 차례 이상의 여론조사가 필요하다는 뜻이다.

셋째, 남은 변수에 따라 판세 변화 가능성이 열려 있기 때문이다. 특히 공천이 그렇다. 선거가 임박한 시점까지도 양당 공히 갈등과 분열이 예고된 지역 상당수가 남아 있는 상태였다. 제3지대 개혁신당이 해체되었지만, 공천 탈락자들의 이합집산에 따른 파급력이 어느 정도일지도 미지수였다. 역대 총선에서 노인 폄하 발언이나 막말 등 예기치 못한 돌발 변수가 선거를 코앞에 두고 빈번하게 나타났고 이로 인해 기존 판세가 크게 흔들린 점도 감안해야 한다.

넷째, 현재 여론조사를 뻥튀기한 총선 판세 예측은 정확성 평가가 거의 불가능하다. 양당 격차가 좁혀졌다거나 국민의힘이 더불어민주당을 근소하게 앞섰는지에 대해 객관적으로 검증할 길이 없기 때문이다. 물론 특정 전문가의 예측이 투표일 최종 결과와 비슷할 수도 있다. 가끔 그런 경우가 있지만, 전문가의 뛰어난 예지력에 의한 것이 아니라 우연의 가능성이 높기 때문에 맞혀도 맞힌 게 아니라고 봐야 한다.

미국 대통령으로 당선된 트루먼이 선거 다음 날 아침 여론조사에 기반해 자신이 패배할 것이란 예측을 실은 시카고 데일리 트리뷴 1면 기사를 청중들에게 보여 주고 있다. 여론조사 역사에 있어서 가장 커다란 오보의 상징으로 남아 있는 장면이다.

## 행운이 따라야 맞출 수 있는 총선 판세 예측

여론조사의 역사 그리고 미국의 초기 여론조사에 있어서 리터러리 다이제스트의 희생적 역할은 절대적이었다. 지금 시점에선 엉성한 구석이 많지만, 여론조사를 통해 몇 차례의 대통령 선거 예측에서 성공을 거두었기 때문이다. 게다가 당시만 해도 신참이었던 미국 갤럽이 새롭게 명성을 얻는데 크게 기여했다. 갤럽은 자신들의 예측은 물론 리터러리 다이제스트가 잘못 실시했던 여론조사 결과마저 예측하겠다고 장담했고, 그걸 6주 전에 미리 조사 발표해 맞춘 경험을 가지고 있다.

오늘날과 비교해 선거 예측과 관련된 변수들이 상대적으로 적었기 때문에 가능한 일이었지만, 다른 한편으로 어마어마한 수준의 행운이 따랐기에 가능한 일이었다. 결국 뛰어난 예측이 아니라 운 좋은 추측이었던 셈이다.

누구나 예측을 시도할 수 있지만, 성공한 사람은 드물다. 누가 그 주인공일지 미리 아는 것도 쉽지 않다. 한 번 예측에 성공했다고 다시 성공한다는 보장도 없다. 2008년, 2012년 두 차례의 미국 대선을 가장 정확히 예측한 네이트 실버를 비롯한 수많은 전문가들 중 연달아 예측에 성공한 경우는 매우 드물고 또 희귀하다. 우리나라도 예외가 아니다.

무슨 소리냐고 반문하는 이들에겐 유명한 여론조사전문가 워렌 미토프스키Warren Mitofsky의 경고를 들려줄 필요가 있다. "여론조사에선 창피당할 여지가 아주 많다. 자만심에 찰 때마다 여러분은 패배할 것"이라고 했다. 그는 자신의 사무실 벽에 여론조사 역사상 최악의 오보로 불리는 시카고 데일리 트리뷴Chicago Daily Tribune 1948년 11월 3일자 1면, 즉 '트루먼 물리친 듀이'Dewey Defeats Truman라는 제목의 신문을 보여 주고 있는 트루먼 대통령 당선자 사진을 몇 년 동안 붙여놨다고 한다.

3-2

# 총선 여론조사 공표금지
# 그리고 "잔치는 끝났다"

 최영미 시인이 1994년 초판을 출간한 시집 제목은《서른, 잔치는 끝났다》창비, 1994이다. 당시 50만 부가 팔리면서 커다란 화제였다. 같은 제목으로 수록된 시에선 투쟁의 시대 1980년대를 거치면서 거칠고 힘들었던 과거에 대한 추억과 회한을 토로하고 있다. 그러면서 시의 마지막 부분을 "그러나 대체 무슨 상관이란 말인가"라는 말로 맺고 있다.

## 성대했던 여론조사 잔치…
## "그러나 대체 무슨 상관이란 말인가"

2024년 4월 10일 치러질 22대 국회의원 선거를 일주일 앞둔 4일부터 선거법에 따라 총선 여론조사 공표가 금지되었다. 그 이전까지만 하더라도 여론조사 잔치가 성대했다. 관심 지역구를 중심으로 수백 개의 여론조사가 실시 공표됐다. 중앙선거여론조사심의위원회에 등록된 것만 해도 그렇다. 비공표용 및 비공식적인 여론조사까지 합치면 엄청난 규모일 것이다.

여야를 비롯한 각 정당과 후보, 정치 평론가들은 위아래 상당한 수준의 오차범위를 감수해야 하는 500명 표본 대상의 여론조사 수치에 일희일비했다. 그보다 더 많은 오차범위를 안고 있는 하위 표본에서의 지지율 격차에도 열광하거나 절망했다. 각종 언론에선 이들 수치를 따라잡는 경마식 보도에 열중했고, 대목을 누리기에 바빴던 일부 메이저 조사기관에선 쏟아지는 조사 주문을 소화하지 못한 채 일부 물량을 하청 주거나 심지어 거절하기까지 했다고 한다.

2024년 4월 1일 유시민 작가가 시민언론 민들레에 '선거여론조사는 반드시 틀린다'는 칼럼을 기고했다. 민주당 지지자를 대상으로 투표를 독려하고 있는 결론 부분만 빼면, 여론조사전문가의 영역을 침범하고 있는 셈이다. 이런저런 지적을 비롯해 할 말이 없는 건 아니다. 하지만 뭐, 그럴 수 있다고 본다. "여론이 유동적이고, 모집단 확정은 물론 완벽한 표본을 얻을 수 없기 때문"에 틀린다고 했지만, 정작 본인도 그런 여론조사에 입각해 판세 분석에 열중한 적이 있지 않았던가.

딱 거기까지였다. 잔치는 끝났다. 야당인 더불어민주당이 180석을 넘길 수 있다거나 여당인 국민의힘이 100석을 얻지 못할 수 있다는 건 다 지난 일이 되어 버렸다. 굳이 기억하는 사람도 별로 없다. 그때 그 시절 얘기였을 뿐이다. 소위 정치평론가를 중심으로 열심히 분석 해석하고, 또 왕년의 예측 경험을 토대로 자신이 최종 결과를 맞출 것이라고 주장하기도 했다. 그러나 선거 한 달 전, 심지어 몇 개월 전 시점에서 총선 판세를 정확히 예측했다는 건 1936년 미국 갤럽의 대통령 선거 예측 성공 사례에서 보듯 상당한 행운이 따라야 가능한 것이다.

최 시인의 '서른, 잔치는 끝났다'는 시엔 "그러나 대체 무슨 상관이란 말인가"라는 표현이 두 번 나온다. 4월 10일 투표일 저녁엔 어떤 일이 벌어질지 아무도 알 수 없다. 총선 이전에 실시된 수많은 여론조사에 왜 그렇게 일희일비했을까 후회하는 상황 말이다. 단언할 수 없지만, 여태 우리가 봐왔던 여론조사와 전혀 다른 결과를 맞이할 수도 있다.

그럼 여론조사를 왜 했느냐고 물을 수 있다. 이에 대한 대답은 유 작가 말처럼 틀려도 유용하기 때문이다. 선거 여론조사는 누가 맞고 틀렸는지, 즉 정확성을 가리는 게 아니라 누가 실제 결과에 조금이라도 더 가까이 다가갔는지 알아보는 일종의 게임이다. 완벽한 건 아니지만, 계속 관심을 기울일 만큼 훌륭하다. 문제는 그런 여론조사에 기반해서 지나친 확신을 가진다는 거다. 만약 여론조사의 한계를 인식하고 상세 내용에 관심을 기울인다면, 여론조사에 기반한 예측이 설사 틀렸다 하더라도 충격을 덜 받을 수 있을 것이다.

### 선거 전 여론조사가 실제 결과 예측에 유용할까

여론조사 공표 금지라는 '깜깜이' 구간에 접어들어도 여론조사 잔치가 끝나지 않았다고 보는 사람도 물론 있다. 선거 당일 실시 공표될 방송사 출구조사 얘기다. 지난 2022년 대선 때의 박빙 상황에서도 출구조사가 정확하지 않았느냐고 기대를 표명하기도 한다. 그러나 1개 선거구인 대통령 선거와 254개 지역구를 대상으로 한 국회의원 선거를 동일선상에서 비교할 순 없다. 대선에서 정확성을 뽐냈던 출구조사는 총선에선 정작 한 번도 정당별 의석수를 제대로 예측한 적이 없다.

총선 여론조사든 출구조사든 선거가 종료되고 나면 잔치도 끝이다. 언제 그랬느냐는 듯이 아무렇지도 않게 일상으로 돌아간다. 여론조사를 둘러싸고 뜨겁게 치고받았던 언론과 정치인의 관심부터 차갑게 식는다. 여론조사 관련 문제점 등 설거지 혹은 뒤치다꺼리는 고스란히 선관위와 학계의 몫으로 남을 것이다. 언제나 그랬듯이 다들 여론조사가 중요하다고 하지만, "도대체 그게 무슨 상관이란 말인가"라고 물을 수밖에 없는 그런 상황 말이다.

미국 대통령 선거에 있어서 2016년은 커다란 재앙이었다. 도널드 트럼프 공화당 후보가 힐러리 클린턴 민주당 후보를 이길 것으로 예측한 전문가나 조사기관이 드물었다. 곳곳에서 비판의 봇물이 터졌지만, 그럼에도 불구하고 별로 변한 게 없다고 한다. 2017년 11월 6일자 뉴욕타임스 기사 제목은 '힘든 2016년 이후에도 많은 여론조사회사가 아무것도 바꾸지 않았다'*After a Rough 2016, Many Polling Firms Haven't Changed a Thing*였다. 우리도 크게 다르지 않는 거 같다. 예전엔 선거 이후 학회나 세미나를 통해 선거 여론조사의 문제점 분석 및 해결 방안이란 제목이 심심치 않게 등장했는데, 그마저도 생소해졌다.

선거가 끝나면 언제 그랬냐는 듯이 여론조사를 잊고 지내도 과연 괜찮은가. 그렇게 한가한 상황이 아니다. 여론조사를 통해 얻은 데이터가 전체 여론의 윤곽을 파악하는 데 그다지 신통력을 발휘하지 못한 사례는 22대 총선에 한정된 게 아니다. 유권자의 태도나 행동, 의도에 대한 전체적인 그림을 제공하는 데 실패했다면, 이에 대한 비판에 겸허히 귀를 기울여야 할 것이다. 여론조사전문가들이 앞으로 나아가는데 있어서 이 비판의 목소리를 중요한 과제로 삼아야 함은 말할 것도 없다.

## '연극', 아니 '선거'가 끝나고 난 뒤

연극이 끝나고 난 뒤

혼자서 객석에 남아

조명이 꺼진 무대를 본 적이 있나요

음악 소리도 분주히 돌아가던 세트도

이젠 다 멈춘 채 무대 위에

정적만이 남아있죠

어둠만이 흐르고 있죠

배우는 무대 옷을 입고

노래하며 춤추고

불빛은 배우를 따라서

바삐 돌아가지만

끝나면 모두들 떠나버리고

무대 위에 정적만이 남아있죠

어둠만이 흐르고 있죠


연극이 끝나고 난 뒤

혼자서 무대에 남아

아무도 없는 객석을

본 적이 있나요

힘찬 박수도 뜨겁던 관객의 찬사도

이젠 다 사라져

객석에는 정적만이 남아있죠

슬픔만이 흐르고 있죠


관객은 열띤 연기를 보고

때론 울고 웃으며

자신이 주인공이 된 듯

착각도 하지만

끝나면 모두들 떠나버리고

객석에는 정적만이 남아있죠

어둠만이 흐르고 있죠

정적만이 남아있죠

1980년이니까 무려 반세기에 가까운 시간이 흘렀다. MBC 대학가요제 때 샤프Sharp라는 그룹이 불러서 은상을 차지했던 노래 '연극이 끝난 후'다. 요즘 세대들은 무슨 소리냐고 할지 모르겠다. 검색을 했더니 2016년 7월 tvN이 8부작으로 방영한 예능 프로그램 이름도 '연극이 끝나고 난 뒤'였더라.

## 정적과 어둠 속에 쓸쓸함으로 남겨진 여론조사

2024년 22대 국회의원 선거가 끝난 뒤, 여론조사와 출구조사를 검토 정리해야 하는데 착수가 쉽지 않았다. 좀 오래됐지만, 20대 총선 직전, 즉 2016년 4월 중앙일보에 게재했던 '총선은 여론조사의 무덤'이란 칼럼이 떠올라 이와 관련된 두 번째 버전을 생각하기도 했다. 그러나 매번 그렇듯이 버스 떠나고 손 흔드는 격이란 느낌을 지울 수 없었다. 대선과 달리 총선 출구조사가 늘 틀릴 수밖에 없다고 주장하는 것도 일종의 '부관참시'에 다름 아니고.

이러다 시기를 놓치겠다 싶었는데, 주간경향 윤호우 선임기자가 쓴 '선거가 끝나고 난 뒤'란 칼럼을 접했다. 동일 제목을 생각하고 있었는데 말이다. 정치 현장을 취재하면서 접한 여론조사를 둘러싼 애환과 소회가 담겨 있었다. 전적으로 공감할 만한 내용이었다. 그의 칼럼 마지막 부분을 인용한다.

> 여론조사는 유권자들이 어떻게 변화하는지 알고, 무엇을 원하는지 알기 위해 참고로 사용해야 한다. 여론조사가 '점쟁이'처럼 승부를 정확히 맞히는 영역에 있는 것이 아니다. 마찬가지로 지난번 어느 기관에서 잘 맞혔으니 이번에도 믿어야 한다는 맹신 또한 맞지 않다. 매번 같은 기준으로, 정기적으로 조사하는 여론조사 흐름을 잘 봐야 한다. 쏟아지는 여론조사 속에서 나름의 혜안을 가질 필요가 있다.

선거 전 여론조사를 놓고 맹렬히 다투었는데 너무 한가한 거 아니냐고 반문할지 모르겠다. 지금은 그저 정적과 어둠 속에 쓸쓸함으로 남겨진 여론조사를 생각하고 싶다. '토사구팽'이란 오랜 고사성어를 떠올리면서 말이다. 그나저나 '연극이 끝난 후'라는 노래는 인트로Intro, 즉 전주가 꽤 인상적이었던 곡으로 기억한다. 그런 곡이 흔하지 않다. 퇴근하면서 다시 한번 들어봐야겠다.

## 3-3

# 2024년 총선 출구조사 실패 '알쓸신잡' 10문 10답

**Q1. (전화)여론조사는 틀릴 수 있더라도 투표자 대상 출구조사는 맞혀야 하는 거 아닌가**

적어도 사회 이슈에 대한 일반 국민의 공통된 의견을 알아본다는 점에선 여론조사나 출구조사가 동일하다고 볼 수 있다. 선거 혹은 투표에 한정할 경우 (전화)여론조사는 투표 참여 여부와 무관한 모집단을 대상으로 하는 데 비해 출구조사는 투표 참여자를 대상으로 한다는 점에서 차이가 있다. 그래서 사전 여론조사보다 출구조사에 대한 기대가 높다. 예측 정확성이 더 높을 것이란 측면에서 말이다.

공중파 방송 3사 관련 자료에 의하면, 방금 투표하고 나온 유권자 5명 중 1명가량이 응답을 거절한다고 한다. 만약 고령층 중심의 보수 성향 응답자들이 출구조사에 응하지 않는 비율이 높아지면 예측 정확성이 떨어질 수밖에 없다. 이들을 '샤이 보수'라고 부르면서 예측 실패 원인으로 보는 전문가도 있다. 자신의 실제 투표와 다르게 응답하는 사람이 얼마나 될지 모르겠지만, 이들도 빗나간 예측에 기여했을 가능성이 있다.

2024년 4월 20일 중앙SUNDAY에 기고한 서울대 이준웅 교수의 칼럼에서 알 수 있듯이 2024년 22대 총선 출구조사는 2008년 18대 총선 이래 최대 오차를 기록했다. 1, 2위 후보 각 예측치와 실제 득표율 간 차이를 구해 평균을 낸 결과값(2.94)이 꾸준히 낮아졌다. 즉, 정확성이 개선되었다가 다시 퇴보했다는 얘기다. 전체 투표율 대비 사전투표율이 높아졌고, 여론조사를 통해 이들 의견을 수집 반영하는 과정에서 오차가 늘어났을 것으로 판단된다.

## Q2. 2년 전 대통령 선거 때 '족집게'였는데… 사과해야 할 정도로 '틀린' 이유가 있나

31.28% 사전투표, 조사 못해 '보정' 만… 표본도 대선보다 훨씬 적어[Who, What, Why]

불과 2년 전 대통령 선거 때 출구조사는 이재명 당시 민주당 후보의 득표율을 소수점 첫째 자리까지 맞혔다. 윤석열 당시 국민의힘 후보 득표율도 실제와 비교해 0.16%포인트 차에 불과해 '족집게' 소리를 들었다. 하지만 2년 만에 방송사들이 사과 공지를 낼 정도로 '틀린' 조사가 됐다._ 문화일보, 2024.4.17.

언뜻 보면 틀린 얘기가 아니지만, 맥락을 고려하면 틀렸다. 2022년, 즉 2년 전 대통령 선거에서는 정확했던 출구조사에 새삼 무슨 문제가 생겨 틀린 게 아니기 때문이다. 단정적으로 말하기 조심스럽지만, 대통령 선거 출구조사는 언제나 정확했던 반면 국회의원 선거 출구조사는 매번 부정확했다. 전국 1개 선거구를 예측하는 것과 254개 선거구를 모두 예측하는 것이 명백히 다르기 때문이다.

위의 기사는 2022년 대선 출구조사와 2024년 총선 출구조사, 즉 서로 다른 성격의 출구조사를 직접적으로 비교하는 잘못을 범하고 있다. 대선은 대선끼리 총선은 총선끼리 비교해야 한다. 2022년 대선 출구조사는 5년 전인 2017년 대선 출구조사 그리고 2024년 총선 출구조사는 4년 전인 2020년 총선 출구조사와 비교 평가해야 한다.

차후에 치러질 대통령 선거 출구조사는 다시 정확할 것이다. 출구조사 실시 능력이나 노하우가 특별히 향상되어서가 아니어도 말이다.

## Q3. 사전투표 때문에 출구조사가 틀렸다고 하던데…

당시 출구조사가 빗나간 가장 중요한 이유로 사전투표자 증가를 꼽고 있는 언론이 다수로 나타났다. 이에 대한 반감 혹은 대안으로 '샤이 보수'를 주요 원인으로 거론하는 경우도 없지 않다. 둘 다 중요하지만, 2024년 22대 총선에선 사전투표 변수의 영향력이 좀 더 컸을 것으로 판단된다.

공중파 방송 3사 예측은 출구조사 결과에 사전투표자를 대상으로 한 새로운 '모드'(자료 수집 방식)에서 뽑아낸 수치를 보정하는 방식으로 이루어졌다. 2016년 20대 총선 당시 12.2%였던 사전투표율은 2020년 21대 26.7%, 2024년 22대 31.3%로 매번 최고치를 갈아 치우며 최종 선거 결과의 예측 난이도를 높이고 있다. 사전투표자 혹은 투표를 마친 유권자를 대상으로 한 여론조사 실시가 처음은 아니다. 몇몇 조사기관이 이런 방식의 여론조사를 통해 결과 예측에 나섰지만, 번번이 실패했던 것으로 알려졌다.

22대 총선에선 사전투표 기간(5~6일) 직후 본선거 직전인 7~9일 경합 지역구 55곳 5만 명을 대상으로 전화 여론조사가 진행됐다. 애초에 박빙으로 예상되었다가 당선자 예측 순위가 바뀐 곳 상당수가 사전투표자 대상 여론조사를 통해 출구조사 결과가 보정되었던 지역인 것으로 알려졌다.

## Q4. '샤이 보수'를 놓쳤기 때문에 출구조사가 틀린 건가

선거 예측 실패의 오랜 역사 속엔 1992년 영국 총선 여론조사도 이름을 올리고 있다. 보수당은 여론조사에서 노동당에 1%p 뒤졌지만, 실제 선거에선 7.6%p 승리했다.

당시 만들어진 '샤이 토리'(보수당)란 용어는 이후 선거 때마다 조사 결과를 보정하거나 해명하는 수단으로 사용됐다. 그러나 이후에도 영국 선거의 예측 정확성이 나아졌다는 소식을 접한 적은 별로 없다.

'샤이 응답자'를 사전에 간파하지 못했다는 건 여론조사 혹은 출구조사를 통한 선거 예측이 빗나갔을 때 가장 흔하게 접하는 변명거리 중 하나다. 2024년 22대 총선에서 야당 연합이 200석을 넘겨 개헌선을 돌파할 수도 있다는 여론조사와 출구조사가 이에 미치지 못한 결과로 귀결되었을 때에도 그 원인이 '샤이 보수' 때문이란 분석이 나왔다. 그렇다면 2020년 21대 총선 출구조사 예상 대비 민주당의 의석수 초과도 '샤이 진보' 때문이었단 말인가.

샤이 보수가 출구조사 실패 원인에 포함되어야 하는 건 맞다. 그러나 숨은 표심이 특정 정당이나 성향으로 쏠릴 경우 예상치 못한 결과가 나올 수 있다는 건 사후확신 편향에 가깝다. 그런 표심은 늘 존재했고 앞으로도 그럴 것이다. 여론조사든 출구조사든 '샤이 응답'을 최소화해 실제 득표율에 근접하는 것이 목표가 되어야 한다. 그런 점을 감안할 때 출구조사의 실패는 절대적이 아닌 상대적 기준으로 평가되어야 할지도 모르겠다.

## Q5. 총선 출구조사가 자주 틀리는 건 (대선이나 지선 대비) 표본이 적기 때문인가

어떤 신문사 기사다. "총선 출구조사가 자주 틀리는 이유로는 표본이 적은 점이 우선 꼽힌다. 사실상 전국이 단일 선거구인 대선에 비해 동시에 254곳에서 조사가 이뤄지는 총선 표본은 훨씬 적을 수밖에 없다. 그만큼 오차도 커진다."

틀린 얘기가 아니지만, 그렇다고 정답도 아니다. 대선 출구조사 표본이 총선에 비해 더 많은 건 사실이다. 총선에 비해 오차범위가 적은 것도 맞다. 그러나 총선 표본 역시 적은 건 아니다. 출구조사를 통해 확보한 응답자 35만 명을 254개 지역으로 나누면 약 1,400명가량이다. 95% 신뢰수준에서 최대 허용 오차범위가 ±2.6%p인데, 방금 투표를 마치고 나온 응답자를 대상으로 한 조사 표본으론 적지 않은 규모라고 볼 수 있다.

조사 방법 관점에서 볼 때 표본 크기 문제가 아닐 수 있다. 20%가량의 응답 거절자, 응답자 중 '샤이 보수' 혹은 숨은 표심, 사전투표자 여론조사 및 이에 바탕한 보정 그리고 조사전문가라고 할지라도 미처 파악하기 힘든, 즉 '알려지지 않은 미지'Unknown Unknowns라는 이름의 보다 체계적인 문제 등이 복합적으로 작용했다고 봐야 할 것이다.

## Q6. '저렴한' 자동응답방식으로도 이번 출구조사 수준의 예측이 가능할 정도로 형편없이 틀렸다고 하는데…

서울대 한규섭 교수는 동아일보 기고2024. 4. 15.에서 "저렴한 자동응답방식ARS조사로 모든 지역구별 당선 확률만 추정해 합산해도 방송사 출구조사 수준의 예측이 가능하지 않았을까"라고 했다. 막대한 비용을 쓰고도 빗나간 출구조사를 안타깝게 생각해서였을 거다.

알다시피 출구조사 예측을 평가하는 방식은 한 가지가 아니다. 다수당 예측, 즉 지역구와 비례를 합쳐서 어떤 정당이 다수당이 될 건지는 이번에도 정확히 맞혔다. 물론 과거 총선에선 이마저도 빗나간 적이 없었던 건 아니지만 말이다.

출구조사의 정확성은 1위 후보 지지율과 실제 득표율 간 격차 평균 혹은 1, 2위 후보 각각의 지지율과 실제 득표율 간 격차 평균으로 평가하는 것이 일반적이다. '저렴한' ARS나 전화면접 여론조사를 통할 경우 1위 후보 예측 여부만으로 평가하는 정확성에선 비슷하거나 심지어 앞설 수도 있겠지만, 후보 지지율과 득표율 간 차이 평균으로 평가하는 정확성에선 출구조사의 통상적인 수준을 따라갈 수 없을 것이라고 생각한다.

## Q7. JTBC 예측조사는 출구조사 없이 여야 의석수를 적중시켰다고 하더라

JTBC는 투표 마감과 동시에 민주당 168~193석, 국민의힘 87~111석이란 예측 결과를 내놓았다. 오랜 역사와 경험을 자랑하던 공중파 방송 3사에 비해 정당별 예측 범위(구간)가 넓었다는 한계가 있지만, 최종 의석수 예측엔 성공한 셈이다. 자체적으로 실시한 심층 여론조사, 중앙선거여론조사심의위원회에 등록된 여론조사 데이터, 과거 선거 결과 등을 '메타분석'해 얻은 결과라고 했다.

JTBC와 조사기관(메타보이스), 자문교수의 노력과 수고를 폄하할 생각은 없다. 축하와 박수를 보낸다. 그러나 다른 한편으로 운이 좋았다고 생각한다. 이런 방식의 예측이 성공한 경우가 거의 없었기 때문이다. 따라서 22대 총선에서 보여 준 JTBC의 예측 방식이 다음 총선에서도 성공할 것이라고 장담하긴 어렵다고 본다.

## Q8. 빗나간 총선 출구조사에 대한 원인 분석과 향후 대책은

2024년 4월 하순 공중파 방송 3사와 자문교수, 조사기관이 모여 출구조사 실패 원인 분석과 향후 대책을 수립했던 것으로 알고 있다. 적어도 총선의 경우 이런 행사가 처음은 아니었다. 문제는 이미 알고 있는 원인과 대책에 불과할 수 있다는 점이다. 어떤 체계적인 문제가 '알려지지 않은 미지'로 작용할 경우 백약이 무효일 수도 있다. 특히 254개 지역을 일시에 꼼꼼하게 실행 관리해야 하는 총선의 경우, 특히 박빙 지역구에선 사소한 지엽적 문제라도 그 영향력이 적지 않을 수 있다.

출구조사를 통해 수집된 역사적 데이터, 조사 과정에서 형성된 각종 노하우가 상당할 것이다. 많은 비용과 노력, 시행착오를 통해 얻은 것이기에 공개하기가 어렵다는 점을 이해한다. 그러나 적어도 총선 출구조사에 한해선 뾰족한 대안이 나오기가 쉽지 않을 것이다. 총선 출구조사 예측 실패의 역사를 보더라도 말이다. 백서 발간 등의 형식으로 자료를 공개하고 전문가들의 혜안을 널리 구하는 방식을 취해야 할 것이라고 본다.

## Q9. 73억가량의 비용을 지출했던 출구조사를
## 앞으로도 계속해야 하는가

비용 대비 효과를 판단하기가 쉽지 않다. 해당 이슈는 공중파 방송 3사 당사자와 이를 지켜보는 입장이 다르기 때문에 내로남불에 해당할 수도 있다. 그동안의 관행과 경쟁 방송사 등을 고려하면 앞으로도 계속할 수밖에 없겠지만, 지켜보는 입장에선 낮은 '가성비'를 탓하지 않을 수 없다. 대통령 선거나 지방 선거라면 몰라도, 적어도 국회의원 선거 출구조사 경우라면 말이다. 총선 출구조사에 한정해 축소 조정이나 실시 중단을 검토해야 할 시점이 되었다고 판단한다.

## Q10. 미국, 영국 등 선진국에선
## 어떻게 출구조사를 하고 있나

한때 미국에선 출구조사를 투표소가 닫히는 동시에 결과를 예측하기 위한 용도로 사용하지 않았다고 한다. 대신 출구조사 데이터와 실제 투표 결과를 조합해서 이후 시간에 각 지역별로 누가 승리했는지 판정하는데 사용했다. 출구조사 질문지 역시 다양한 문항을 포함해 투표자 성향을 파악하는 용도에 봉사하게끔 한다고 했다.

영국의 정치여론조사기관 Pollbase 설립자 마크 팩Mark Pack의 저서 《낱낱이 파헤치는 여론조사의 모든 것》을 보면, 미국 등 선진국에서도 출구조사를 둘러싸고 다양한 문제와 곡절이 있었다고 한다. 위대한 성공을 거두기도 했지만 극적인 실패를 경험하기도 했으며, 조사 방법을 개선하기 위해 어마어마한 노력을 들였고 그 과정에서 많은 돈을 쏟아붓기도 했다.

예측은 성공할 수 있지만 실패할 수도 있다. 후자로 귀결될 경우, 실패에 그치지 않고 더 나은 방법을 모색하는 것이 중요하다. 출구조사는 물론 여론조사도 마찬가지다. 그런 점에서 우리의 경우 실망과 배신감을 느끼지 않을 수 없다. 사전 여론조사에 대한 뜨거운 사랑과 집착에 비하면, 선거 이후 차갑게 식어 버리는 관심과 냉대가 낯설다 못해 신기할 정도다. 전 국민이 동시에 카운트다운 합창을 했던 출구조사도 마찬가지 아닐까.

3-4

# "여론조작, 선거 결과 두고 보자"는 김어준에 무관심한 이유

　김어준이 대표로 있는 여론조사기관 '여론조사꽃'이 거금을 들여서 수도권 등 여러 지역을 대상으로 22대 총선 여론조사를 실시 발표했다. 그러나 이 조사 결과를 알고 있는 사람이 드물었다. 그래서 김 대표는 2024년 3월 11일 자신이 진행하는 유튜브 채널 '겸손은힘들다 뉴스공장'에서 민주당 혹은 민주당 후보 지지율이 우세하게 나온 자신들의 여론조사에 대해 기성 언론들이 무관심하다고 불만을 피력했다.

　반면 김 대표가 '여론을 조작'한 것으로 간주하고 있는 한국갤럽 여론조사에 대해선 다수 언론이 보도하고 있는

데, 총선 때 어떤 것이 더 정확한지 두고 보자고 호언했다. 이 조사, 즉 한국갤럽 여론조사에 기반해 국민의힘 의석이 과반을 넘길 것으로 예측한 전문가 이름도 기억하라고 했다.

김어준은 박시영, 이택수 등 몇몇 여론조사전문가의 도움을 받고 있다. 그럼에도 불구하고 김 대표는 열렬 지지자와 많은 구독자를 보유하고 있는 유튜버다운 행동으로 거침이 없다. 여론조사에 대해 함부로 얘기하거나 낮은 인식을 보여 주는 경우도 적지 않다. 여러 가지로 토론되어야 할 점들이 많지만, 여기선 김어준이 언급하고 있는 몇 가지 억지 주장에 대해서만 간단히 다루고자 한다.

**"한국갤럽 여론조사 표본 189명은 여론조작"**
**"189명으로 35,000명 표본 어떻게 이길 수 있나"**

한국갤럽이 매주 실시 발표하는 데일리 오피니언은 전국 1,000명 표본을 대상으로 하고 있다. 하위 표본, 즉 성별 연령별 지역별 수치 등을 인용 보도할 수 있지만, 전국 정당 지지율 추정이 목적이다. 만약 서울 지역 정당 지지율을 알아보기 위해 189명만 대상으로 조사를 실시했다면 모르겠지만, 하위 표본에서 다소 튀는 결과가 나왔다고 여론을 조작했다고 주장하는 건 억지에 가깝다.

한국갤럽에 따르면, 서울 지역의 국민의힘 대 민주당 지지율 격차는 2024년 2월 하순과 3월 초순 절정에 달하고 있다. 국민의힘 37% 대 민주당 30%였던 2월 4주 이후 5주엔 43% 대 26%로 벌어졌고, 3월 1주에도 45% 대 24%였다. 반면 김어준 대표는 민주당이 앞선 '정상적' 여론조사 사례로 리얼미터 조사를 제시하고 있는데, 그의 주관적 판단에 입각한 정상/비정상 여부를 적절한 사례로 간주하긴 어렵다. 국민의힘이 1년 만에 오차범위를 넘어 민주당을 앞섰다던 리얼미터의 2월 5주 조사와 두 정당 격차가 다시 오차범위 이내로 좁혀진 3월 1주 조사 둘 중 하나가 튀었을 가능성이 있기 때문이다.

표본 크기만으로 조사의 신뢰성이나 정확성을 담보할 수 없다. 같은 조건이면 표본이 클수록 좋지만, 여론조사는 워낙 적은 표본으로 훨씬 큰 모집단 특성을 추정하는 방법이다. 표본 크기보다 구성이 더 중요하고, 표본 추출 이외의 과정에서 발생하는 각종 오차, 즉 '비표집오차'Nonsampling Error도 고려해야 한다.

여론조사 역사에서 자주 언급되고 있는 1936년 미국 대통령 선거 때의 리터러리 다이제스트와 미국 갤럽의 사례가 이를 입증하고 있다. 표본 크기 236만 명 대 1,500명이었지만, 리터러리 다이제스트는 예측에 실패해 회사 문을 닫았고, 당시만 해도 신참이었던 갤럽은 화려한 비상을 꿈꾸게 된다. 그다지 확률이 높은 건 아니지만 35,000명 표본이 질 수도 있고, 189명 표본이 이길 수도 있는 것이 여론조사다.

그런 점에서 최근 여론조사꽃이 대통령 선거를 앞두고 표본을 3,000명으로 늘리겠다는 언급에 대해서도 회의적이다. 표집 및 비표집오차를 제대로 관리하지 못한 채 편향적인 조사 결과를 산출할 경우 표본 크기만 늘리는 건 쓰레기양을 더 많이 배출하는데 기여할 뿐이다. 아래는 2025년 3월 14일 한국경제신문 보도 중 일부이다.

> 이번 여론조사는 표본이 3,003개라는 점에서 눈길을 끌었다. 일반 여론조사의 표본이 1,000개인 점과 비교하면 정확도가 한층 높아졌기 때문이다. 표본이 많은 여론조사를 자주 돌리고 그에 따라 전략을 맞추면 훨씬 선거운동 전략을 짜기 수월하다는 분석도 나온다. 박시영 전 윈지컨설팅 대표도 "민주당에서 기다리던 조사일 것"이라며 "이렇게 방대하게 하는 곳이 없다"고 설명했다.

"비싼 게 정확하다"… 필요충분조건 아니다
"서울 지역 양당 지지율의 현격한 격차,
 선거 결과 두고 보자"

자본주의 사회에서 돈이 깡패인 건 맞다. 여론조사에서도 그렇다. 돈이 있어야 조사할 기회가 있고, 많은 돈을 들여야 양질의 조사를 수행할 수 있다. 그러나 돈이 만능은 아니다. 아무리 많은 돈을 퍼붓더라도 해결할 수 없는 변수들이 남는다. 엄격하게 표본을 뽑더라도 실행에 한계가 있고, 면접원 역량 제고도 돈으로 모두 해결할 수 없으며, 무한정 사용할 수 없는 시간도 돈으로 어떻게 할 수 없는 부분이다.

여론조사꽃이 양질의 조사를 위해 얼마나 많은 돈을 썼는지 자세히 알 수 없다. 추정컨대 정확한 조사를 위해서라기보다 '여러 지역'을, '자주' 조사하는 데 주로 사용한 것으로 보인다. 낮 시간 외에 밤에도 실사를 진행하고 재통화를 몇 차례 추가한다고 해서 소요되는 돈이 많이 들어가는 건 아니다. 응답하기 싫다는 사람을 돈으로 매수할 수도 없고, 전문가에게 충분한 자문료를 지급한다고 해서 원하는 수준으로 질문지가 나아지는 것도 아니다.

2024년 3월 초, 즉 국회의원 선거 D-30일 시점의 여론조사 결과는 당시의 스냅샷에 불과하다. 투표일 한 달 이전의 판세일 뿐이다. 국민의힘과 더불어민주당의 서울 지역 정당 지지율 격차가 21%p, 7%p 둘 중 하나로 나올 수도 있지만, 전혀 다른 결과가 나올 수 있다. 만약 둘 중 하나가 정확했다면, 그건 순전히 우연에 의한 것이지 여론조사꽃이나 한국갤럽의 예측 실력 때문이 아니다. 당장 이해하기 힘들겠지만, 결과를 맞추어도 맞춘 게 아니고 틀려도 틀린 것이 아니란 얘기다.

**"기성 언론 매체는 민주당 지지율 우세 나온
여론조사꽃 왜 보도하지 않는가"**

비싼 돈을 들여 의미 있는 조사를 실시했는데, 관심을 보이는 언론 매체가 없으니까 답답할 것이다. 이는 여론조사꽃이 스스로 자초한, 즉 자업자득에 해당한다. 선거에 임박해선 논란의 소지가 줄어들지만, 평소 여론조사에서 얼마나 많은 질문 편향이 있었는지에 대해선 사례를 열거하기가 숨이 찰 정도다. 김어준은 한때 객관적이고 중립적인 질문을 '나쁜 질문', 민주당에 유리하도록 만들어진 편향적 질문을 '좋은 질문'으로 규정한 바 있다.

게다가 진보 성향의 여론조사기관이란 '하우스 효

과'House Effect도 감안해야 한다. 여론조사를 통해 공천 과정에서 일정한 영향력을 행사하고자 한 것도 널리 알려진 사실이다. 그 결과 보수 성향은 물론 진보 성향의 매체에서조차 여론조사꽃 조사를 다루지 않았던 것으로 알고 있다. 앞서 언급했지만, 2025년 대선을 앞두고 거금 10억 원을 들여 매주 5,000명을 조사하더라도 그 결과를 주목하는 사람이나 언론이 많지 않을 것이다. 박시영 전 윈지코리아 대표나 여론조사꽃 멤버십 회원들은 그런 결과를 기다리거나 기대하고 있을지 모르겠지만 말이다.

김어준은 우리나라 언론의 고질적 병폐인 정파성을 극대화 및 진화시킨 인물로 평가받고 있다. 당연히 그 수혜를 톡톡히 받고 있기도 하고. 심석태 세명대 저널리즘대학원 교수는 기성 혹은 레거시 언론이 그런 김어준 흉내를 내고 있다는 점을 지적하며 "정파성 짙은 영상물로 곁불을 쬐는 방식으로 대응하고 있다. 그래서 김어준을 넘어설 수도 욕할 이유도 없다"고 했다. 극단적 정파성에 힘입어 김어준의 영향력이 당분간 지속될 수 있겠지만, 적어도 여론조사 측면에선 그 영향력이 제한적이거나 미미할 것으로 예상한다. 아무리 거금을 쏟아붓더라도 말이다.

## 3-5

# 여론조사꽃의 대선 예측 대 한국갤럽의 예측 외면

2024년 4월 국회의원 선거에서의 맹활약에 이어 2025년 6월 조기 대통령 선거 가능성을 염두에 두고 대대적으로 여론을 살피겠다고 한 여론조사회사가 있었다. 더불어민주당을 노골적으로 지지하는 방송인 김어준이 운영하고 있는 여론조사꽃 얘기다.

2025년 3월 김어준은 "다가올 대선을 위해 그동안 여론조사꽃 멤버십 회원비를 허투루 안 쓰고 10억 원을 쟁여놨다"며 "앞으로 3,000개 이상의 샘플을 매주 돌리겠다"고 강조했다. 뒤이어 "조사실 공사에 들어갔다. 더 키워서 5,000명 조사를 하겠다"며 "주중 전화 면접 5,000

명, ARS 15,000명 등 매주 20,000명씩 하면 10억 원 쓸 수 있다"고 덧붙였다.

**여론조사꽃,
"대선 여론조사 위해 10억 원 쟁여놨다"**

표본조사의 원리를 모르고 이런 얘기를 한 건 아닐 것이다. 몇몇 전문가와 회사 직원들의 도움을 받고 있을 테니 말이다. 특정 지역이나 하위 집단별로 세부적인 분석을 할 경우 표본의 크기를 늘릴 필요가 있을 것이다. 그러나 전체적인 결과가 부실하거나 문제가 있을 경우 지역이나 집단 단위에서의 결과는 참고할 수준에도 미치지 못한다. 그런 결과를 토대로 지역이나 집단 단위에서의 영향력 행사에 관심을 갖는 경우가 아니라면 말이다.

알다시피 여론조사꽃은 평소 실시하는 정치 현안이나 이슈 관련 조사에서 늘 민주당 편향적인 결과를 발표하곤 했다. 김어준 및 여론조사꽃이란 이름에서 발생하는 하우스 효과는 물론 노골적으로 편향적인 질문을 통해 응답을 유도하곤 했다. 특히 선거 때마다 더불어민주당 후보들에 대한 지지를 과대추정한 결과를 얻곤 했다. 가령, 2024년 4월 22대 총선 때 부산·울산·경남에서 그러했고 수도

권에서도 실제 득표율 대비 상대적으로 높은 지지율을 추정했다. 각 지역구별 10% 내외의 '모름/무응답' 응답자를 제외하고도 말이다.

여론조사꽃이 발표한 21대 대선 최종 예측 결과는 2025년 5월 26~27일 2,011명을 대상으로 실시됐다(더 자세한 결과는 중앙선거여론조사심의위원회 홈페이지 참고). 이재명 더불어민주당 후보 50.3%, 김문수 국민의힘 후보 32.7%였고, 두 후보의 지지율 격차는 17.6%p로 예상됐다. 공표금지 이전 시기에 여론조사회사 상당수가 내놓은 최종 조사 결과와 비교해 보면 이재명 후보를 가장 높게, 김문수 후보를 가장 낮게 예측하고 있음을 알 수 있다(NBS가 2025년 5월 19~21일 1,002명을 대상으로 조사한 결과에서 김문수 후보가 32%를 얻은 경우가 있다).

## 이재명 가장 높게, 김문수 가장 낮게 예측
## 거금 들여 많은 표본조사했지만 형편없는 정확성

21대 대통령 선거에선 더불어민주당 이재명 후보가 49.4%를 획득해 당선됐고, 국민의힘 김문수 후보가 41.1%를 얻어 8.3%p 득표율 격차를 나타냈다. 당선자 예측 및 1위 후보 지지율 대비 득표율로 정확성을 따질 경우 여론조사꽃의 이재명 후보 당선 및 지지율 예측은 오차범위(±2.1%) 내에서 정확한 것으로 볼 수 있다. 그러나 1,000명 내외의 표본으로 여론조사를 실시한 회사 대다수가 당선자 예측 및 1위 후보 지지율 대비 득표율을 맞춘 것으로 나타났다. 여론조사꽃처럼 굳이 많은 돈을 들여 만 명씩 조사를 하지 않더라도 말이다.

선거 여론조사의 정확성 여부는 이들 두 가지 기준 외에도 2위 후보 지지율 대비 득표율과 1~2위 후보 지지율 격차 대비 득표율 격차를 추가로 살펴서 종합적으로 판단해야 한다. 그런 점을 감안할 경우 여론조사꽃은 다른 여러 조사회사에 비해 부족했으면 부족했지 더 나은 예측은 하지 못했다. 앞서 언급했지만 2위를 차지한 김문수 후보 지지율을 실제 득표율 대비 가장 낮게 예측했고, 1~2위 후보 지지율 격차(17.6%p) 역시 실제 득표율 격차(8.3%p)와 가장 큰 차이를 나타냈다.

결국 열성 회원들이 기꺼이 내놓은 10억 원이란 거액을 쏟아 부었지만 대통령 선거 예측에서 만족할 만한 성과를 거두지 못한 것으로 볼 수 있다. 김어준은 한때 자신의 유튜브 방송에서 "비싼 게 정확하다"는 구호를 외친 적이 있다. 조사 자료의 질적 제고에 있어서 비용의 중요성을 겉으로 드러내길 꺼리는 여론조사 분야 전공 학자라면 몰라도 김어준의 비용에 대한 강조는 오히려 그 저의를 의심케 한다. 21대 대통령 선거 예측 여론조사를 보더라도 말이다.

2022년 10월 김어준의 여론조사꽃 출범 당시 필자는 페이스북에 다음과 같은 글을 쓴 적이 있다.

> 업계에 신선한 바람을 불러일으키겠다고 포부를 피력한, 게다가 새롭게 출범한 지 얼마 되지 않은 여론조사기관을 정치적 편향성이란 이유만으로 견제하거나 깎아내릴 생각은 전혀 없다. 탄탄한 재정적 뒷받침과 열렬 팬들의 성원에 힘입어 기존 업체들을 자극하고 선의의 경쟁에 나서주기를 기대한다.

겨우 3년밖에 지나지 않았지만, 2024년 총선과 2025년 대선을 거치면서 여론조사꽃에 대한 더 이상의 기대는 이쯤에서 거두고자 한다.

**대선 예측 외면 혹은 회피한 한국갤럽**

여론조사, 특히 선거 여론조사 분야에서 오랜 경력과 명성을 자랑하던 한국갤럽은 이번 2025년 대통령 선거에서 예측 결과를 내놓지 않았다. 평소 대통령 국정 수행 만족도와 정당 지지율을 비롯해 각종 사회 현안 및 이슈에 대해 꾸준히 여론조사 결과를 발표해 왔음에도 불구하고 말이다. 중앙일보가 한국갤럽에 의뢰해 5월 24~25일 실시 발표한 여론조사가 예측 아니냐고 반문하는 사람들이 있는데, 그건 공표금지 이전 시점의 후보 지지율이지 투표 시점의 득표율 예상으로 볼 수 없다.

어떤 이유 때문이지 정확히 알 수 없다. 어떤 매체가 의뢰를 하더라도 우린 예측을 할 수 없다고 한 건지, 아니면 예측하고자 하는 의지가 있었지만 어떤 언론에서도 제안이 없어서 못 한 건지 말이다. 출범한 지 3년도 안 된 신생

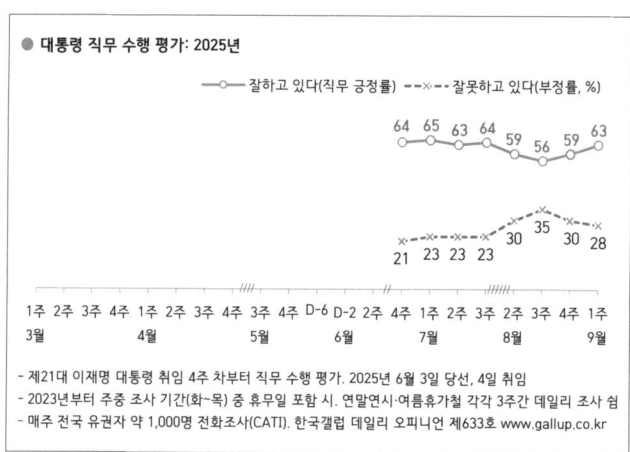

한국갤럽조사연구소는 평소 대통령 국정 수행 지지율을 비롯해 정치사회적 이슈에 대한 여론조사를 주간 단위로 실시 발표해 왔다. 이 도표는 제21대 이재명 대통령 취임 4주차부터 실시된 임기 초반의 직무 수행 평가 결과 추이를 나타낸 것이다.

조사기관 여론조사꽃은 물론 평소 많은 비판과 비난을 받아 왔던 자동응답시스템을 사용한 조사업체마저 과감하게 선거 예측에 뛰어든 걸 감안하면 아쉬움으로 남을 수밖에 없다. 무려 반세기 역사와 다양한 조사 경험을 자랑하고 있는 국내 대표 여론조사회사라는 점을 생각해도 그렇다.

고 박무익 전 회장께서 살아 있을 때엔 그런 경우가 거의 없었던 것으로 알고 있다. 2024년 발간된 《박무익 평전》김동률 저, 샘터, 2024에 따르면, 회사의 대다수 직원들의 반대에도 불구하고 예측 결과를 발표했던 것으로 알려졌다. 1987년 12월 13대 대통령 선거 때의 일화이니 호랑이 담배 피우던 시절의 얘기다. "우리 회사가 지금도 잘나가고 있는데 구태여 엄청난 모험을 할 필요가 있을까요"라고 직원들이 말렸지만, 박 회장은 당일 오후 6시 예측 결과를 발표했다. 비록 일본 NHK 뉴스 외에 국내 언론사 어느 곳에서도 선거 예측 기사를 다루지 않았지만 말이다.

**평소의 한국갤럽 여론조사 믿을 수 있나**

그때로부터 거의 40년이 지난 지금의 한국갤럽엔 박무익이 없다. 독보적인 1위 조사회사 자리를 내준 건 아쉽지만, 그때보다 훨씬 잘나가고 있고 엄청난 성장을 경험했을 것이다. 구태여 엄청난 모험을 할 필요가 있을까라고 반문하는 직원이 그때나 지금이나 변함없이 많을 것이다. 만약 그래서 그랬다면, 그렇지 않아도 한국갤럽에 대해 낮아진 신뢰나 기대를 접는 것으로 위안 삼고자 한다. 6월 대선이 끝나자마자 언제 그랬냐는 듯이 각종 정치·경제적 현안 및 이슈 여론조사를 다시 재개하는 모습에선 오히려 측은한 느낌마저 든다.

2025년 대통령 선거에선 지금까지 한 번도 틀린 적이 없었던 공중파 TV 3사의 출구조사가 처음으로 빗나갔다. 출구조사의 지속 여부가 쟁점으로 떠올랐고, 덩달아 여론조사의 신뢰도마저 흔들리고 있다. 출구조사 실패가 반드시 여론조사의 신뢰도와 직결되는 것이 아님에도 불구하고 말이다.

알다시피 평소의 여론조사 혹은 개별 조사회사의 신뢰도는 선거가 있을 때마다 새롭게 검증 기회를 맞이한다. 이를 토대로 여론조사회사의 등급제를 실시해야 한다고 주장하는 경우도 있다. 참고로 여론조사회사 등급제 실시와 관련해선 서울대 언론정보학과 한규섭 교수가 두세 차례 제안한 적이 있는 것으로 알고 있다. 이에 호응하듯 최근 중앙선거여론조사심의위원회가 외부 연구용역을 통해 등급제의 구체적인 방안을 마련하고 있다고 들었다.

어떤 회사에게든 선거 예측을 강요하거나 윽박지를 순 없다. 한정된 예산이나 시간, 인력을 투입해 공익적 성격의 여론조사를 지속적으로 수행 발표하는 것에 대해선 칭찬할 만하다. 그러나 냉정하게 따져봐야 한다. 자신들의 조사 능력이나 결과의 질적 측면에 대한 주기적인 점검 혹은 검증 기회를 그냥 넘기는 것에 대해서 말이다.

등급제 실시와 무관하게 선거 예측을 통한 여론조사의 타당성 및 신뢰성 검증 기회를 회피 혹은 외면하는 한국갤럽이 각종 현안이나 쟁점에 대한 여론조사 결과를 지속적으로 발표하는 것을 호의적으로 받아들여야 할지, 마음이 썩 내키지 않는다는 것이 솔직한 심정이다.

선거 여론조사 주제에서 다소 벗어난 감이 있지만, 한국갤럽의 정기 여론조사 주제가 정치적 이슈에 집중하고 있는 것도 문제 삼고 싶다. 정치에 대한 강박적 관심이 언론의 흥미를 끌어낼 수 있겠지만, 국민들의 일상생활에 대한 조사가 더 많은 통찰력을 제공할 수 있다. 예전의 한국갤럽은 그런 영역에 적지 않은 관심을 가졌던 것으로 기억한다. 가령, 가족, 결혼, 청소년, 장애인, 아동, 노인, 식생활, 가치관, 종교 등등.

현재 실시 공표되고 있는 모든 여론조사는 정기적인 검

증과 예측 실패 경험을 통해 더 나은 여론조사로 나아가야 한다. 신생 여론조사꽃의 잦은 조사와 저돌적인 선거 예측을 마냥 칭찬 고무하고 싶은 건 아니지만, 한국갤럽의 예측 회피 혹은 외면은 공짜 점심 혹은 무임승차 느낌을 지울 수 없다.

**현실 안주보다
실패 경험 통해 앞으로 나아가야**

한국갤럽은 지금까지의 여러 차례 선거에서 예측 성공보다 실패 경험을 더 많이 가지고 있다. 때론 언론으로부터 외면당하기도 했고, 때론 감히 예측에 나서지도 못한 뼈아픈 사례를 지니고 있다. 아픈 만큼 성장한다고 했던가. 그런 경험들이 쌓이고 쌓여 오늘날의 한국갤럽은 예전보다 훨씬 성장했을 것이다. 2016년, 2020년, 2024년 세 번의 대통령 선거 예측을 실패한 미국 갤럽이 그렇고, 2008년과 2012년 두 번의 대통령 선거를 가장 정확히 맞히고도 2016년과 2024년 대통령 선거 예측을 실패한 네이트 실버가 그렇다.

인공지능을 비롯한 4차 산업혁명기술, 이들 기술을 만들어낸 정보통신기술 기업들도 마찬가지다. 수많은 시행착오와 실패 경험을 통해 우리의 미래를 혁명적으로 바꾸는 새로운 기술이 만들어진다. '앙꼬 없는 찐빵', 즉 여론조사에 여론이 빠져 있는 시대, 여론조사가 사라질 위기에 빠져든 시대라고 한다. 이런 위기와 환경을 한국갤럽과 같은 회사가 회피하거나 외면한다면, 그건 더 이상 필자가 한때 몸을 담았고 또 오랜 기간 알고 있던 한국갤럽이 아닌 것으로 간주할 수밖에 없다. 다른 조사회사면 몰라도 적어도 한국갤럽에 대한 기대를 거두는 순간이 오리라곤 단 한 번도 생각한 적이 없는데 말이다.

3-6

# 힐러리 클린턴 대통령?
# 카멀라 해리스 대통령?

 2024년 11월 실시된 47대 미국 대통령 선거에서 트럼프가 승리했다. 임기 중 사퇴한 바이든 대통령 대신 민주당 후보로 나선 해리스 부통령이 공화당 후보인 트럼프 전 대통령과 적어도 여론조사에선 박빙의 승부를 펼칠 것으로 전망됐다. 하지만 실제 결과에선 상당한 격차로 트럼프 후보가 승리한 것으로 나타났다. 전체 선거인단 중 312명(58.0%)을 확보한 반면, 해리스는 226명(42.0%)에 그쳤다. 결과적으로 유권자를 대상으로 한 여론조사가 후보의 실제 득표율을 맞추지 못한 셈이었다. 트럼프가 처음 대통령으로 당선됐던 2016년과 마찬가지로 말이다.

## 후보 지지율 대신 당선 예상 후보

선거 예측은 대개 '어떤 후보를 지지하는가 혹은 어떤 후보에게 투표할 것인가'라는 질문을 통해 이루어진다. 그러나 미국은 좀 다른 형태의 질문이 불가피하다. 전체 국민 여론에서 앞서더라도 선거인단 확보에서 뒤져 낙선하는 경우가 간혹 있기 때문이다. 지난 2016년 트럼프-클린턴 대결을 최근 사례로 꼽을 수 있다. 당시 트럼프는 선거인단 304명을 확보해 대통령에 당선되었지만, 유권자 투표에선 힐러리 클린턴에게 48.2% 대 46.1%로 뒤진 바 있다. 우리나라에서 선거가 치러졌다면 클린턴에게 패했다는 얘기다.

그래서 나온 대안이 유권자 본인이 지지하는 후보 대신 '누가 혹은 어떤 후보가 당선될 것으로 예상하는가'라는 질문이다. 물론 그럼에도 각 주별 후보 지지율 조사가 기본인 건 맞다. 자신이 지지하는 후보보다 일반 대중이 지지할 것으로 생각되는 후보가 당선 가능성이 더 높을 것이란 전제에 근거하고 있다. 이에 대해선 논란의 여지가 있지만, 우리의 경우에도 이런 질문을 추가해 선거 판세를 분석한 적이 없지 않다.

2017년 19대 대통령 선거 때의 여론조사를 예로 들 수 있다. 대통령에 당선된 더불어민주당 문재인 후보는 국민의당 안철수 후보와 여론조사 지지율에선 거의 비슷하거나 조금 앞선 것으로 나타났지만, 당선 가능성 측면에선 안 후보를 크게 이기고 있는 것으로 나타났다. 유권자 자신들이 지지하는 후보 대신 당선 가능성 조사 결과가 훨씬 높은 예측력을 보여 주고 있음을 알 수 있다.

소위 전문가들도 실패가 잦고 어려워하는 선거 예측을 일반 대중의 의견으로 취합 시도한다는 게 가당키나 한 일이냐고 반문하는 사람들이 있을 것이다. 그런 사람들을 설득하고자 나선 이들이 있다. 일반 대중의 지혜가 전문가의 결과 예측보다 더 유효할 수 있다는 주장은 제임스 서로위키James Surowiecki의 《대중의 지혜》홍대운·이창근 역, 랜덤하우스코리아, 2005라는 연구에서 출발하고 있다. 가령, 병에 담겨 있는 젤리 수를 맞혀달라고 요청할 경우 다수의 추측값 평균치가 개개인의 응답보다 더 정확하다고 설명한다. 그 이전 사례로는 1907년 가축 품평회 실험까지 거슬러 올라간다. 소의 무게를 맞히는 시합이 열렸는데, 무게를 추측한 전체 참가자들의 추측값 평균이 실제 무게와 거의 똑같았다고 한다. 개개인의 추측 오류가 상쇄되었기 때문이다.

## '대중의 지혜' 활용한 정치 여론조사의 한계

'누가 당선될 것 같은가'라는 형태의 질문은 '대중의 지혜'를 정치 여론조사에 활용하기 위함이다. 지지율 질문을 통한 당선자 예측의 한계와 실패를 만회하고자 하는 고육지책 중 하나였다. 문제는 대중의 지혜가 선거판 예측에 성공하는 경우가 있기는 하지만, 그렇지 않은 사례도 적지 않다는 점이다. SNS, 빅데이터 등을 통해 선거 예측에 성공했다고 밝히는 경우와 마찬가지인 셈이다. 한두 번의 예측 성공 이후 그것을 계속 이어나가는 것이 만만치 않다는 것이다.

우리나라 선거든 미국 선거든 누가 당선될 것인지 서로 묻고 또 대답하곤 한다. 여론조사 지지율에 기초해 답변하는 사람이 있는가 하면 유튜브 등 각종 SNS를 통해 정보나 자료를 입수한 주변 사람들의 의견, 즉 대중의 지혜에 기반해 답하기도 한다. 여론조사 지지율에 대한 신뢰가 낮아지면서 대중의 지혜에 대한 가치가 높아지고 있지만, 그마저 선뜻 믿음을 주지 못하고 있는 것이 현실인 듯하다.

실제 사례가 적지 않다. 국내에선 2002년 16대 대선이 대표적이다. 일반 국민을 대상으로 한 여론조사가 아니라 소위 전문가에 해당하는 정치학자 및 정치부 기자를 대상으로 했다는 한계가 있지만, 출마 가능성 거론 후보 중 당선 가능성이 매우 낮았던 후보가 대통령으로 당선되는 결과가 도출됐다. 출마 가능성 거론 후보 중 대통령 당선 가능성이 압도적으로 높았던 한나라당 이회창 후보가 46.6%라는 높은 득표율에도 불구하고 낙선한 반면, 선거 초반 군소 후보에 불과했고 당선 가능성이 매우 낮았던 새천년민주당 노무현 후보가 48.9%로 당선됐다.

트럼프-클린턴이 맞붙은 2016년 미국 대선은 비교적 최근 사례에 해당한다. 영국 런던에 본사를 두고 있는 Ipsos MORI에 재직 중인 여론조사전문가 바비 더피 Bobby Duffy가 쓴 《팩트의 감각》김하현 역, 어크로스, 2019에 따르면, 2016년 미국 대선에서 트럼프가 이길 것으로 예측한 사람이 더 많았던 국가는 40개국 중 러시아, 세르비아, 중국뿐이었다고 한다. 반면 패배한 클린턴이 당선될 것이라고 가장 높게 예측한 국가는 멕시코(86%)였다. 우리나라도 멕시코만큼 높았는데, 국민 중 84%가 클린턴 당선을 예측했고, 트럼프 당선 예측은 5%에 불과했다.

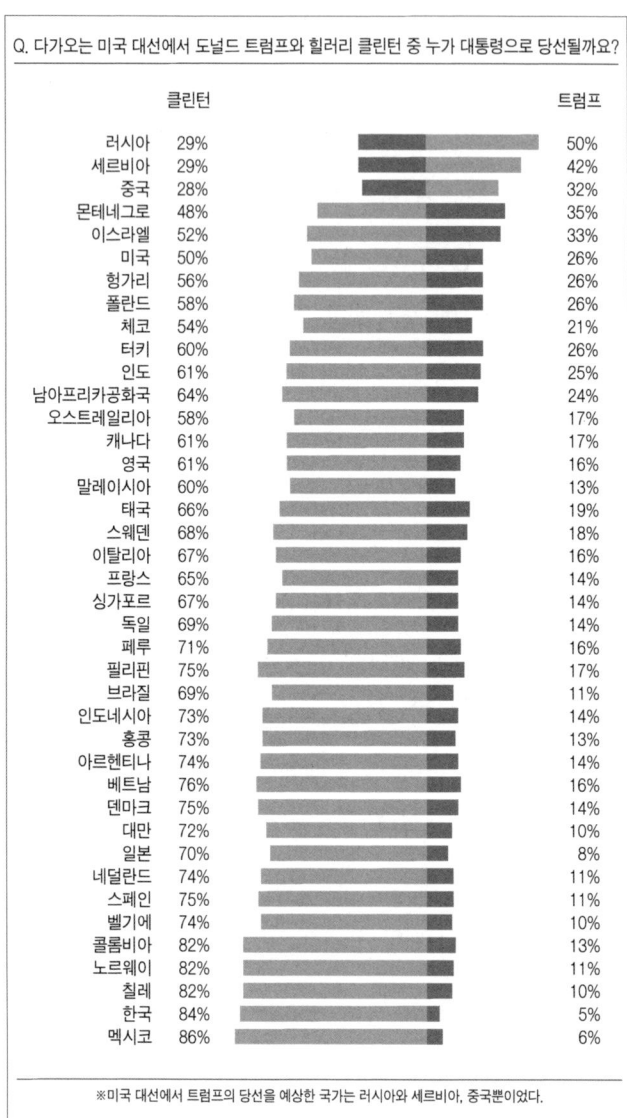

바비 더피 저·김하현 역, 《팩트의 감각》, 어크로스, 2019, 228쪽

# 대중이 듣고 보는 이야기와
# '소망적 사고'에서 벗어나야

선거와 관련해선 우리가 평소 듣고 보는 '이야기'와 소망적 '사고방식'이란 두 가지 요소가 대중의 지혜를 형성하는데 있어서 커다란 영향을 미칠 수 있다는 점을 알아야 한다.

트럼프 미국 대통령이 전형적인 사례를 제공하고 있다. 트럼프는 독특한 정치적 성향 때문에 두 번의 선거에서 여론조사 신뢰도를 떨어뜨리는 데 크게 기여했다. 여론조사보다 대중의 지혜에 주목하게끔 만든 사람이다. 하지만 위의 두 가지 요소, 즉 이야기와 사고방식이 복합적으로 작용하면서 대중의 지혜가 무색하게끔 만든 장본인이기도 했다. '확산된 오보'Misinformation, 허위 정보Disinformation, 가짜뉴스 등이 유권자의 올바른 판단을 방해했고, 급변하는 사회적 정치적 디지털미디어 환경이 여론의 흐름을 좌우했다.

우리나라를 포함해 전 세계 일반 대중들이 듣고 본 이야기는 미국 언론이 송출하는 트럼프에 대한 부정적 이미지와 내러티브Narrative였다. 또한 그들의 '소망적 사고'는 트럼프 당선으로 인한 윤리적 상처와 정치적으로나 경제적으로 자국에의 부정적 영향력을 차단해야 한다는 것이었다.

예전에 비해 훨씬 다양한 미디어들이 어떤 여론조사를 어떻게 보도하는가에 따라 대중들은 영향을 받을 수밖에 없다. 또한 누가 당선되는 게 우리에게 더 좋을 것인가란 소망적 사고도 대중의 지혜에 영향을 미치게 된다. 결국 올바른 예측과 진실에 조금이라도 더 다가가기 위해선 그리고 나중에 뭐 그런 예측을 했냐고 비아냥 받지 않으려면 대중의 지혜가 두 가지 잘못된 인식과 영향으로부터 훨씬 자유로워져야 할 것이다.

그나저나 전 세계인들이 주목하는 미국 대통령 선거 예측을 두 번씩이나 실패한 미국 여론조사에 대해 한마디 언급하지 않을 수 없다. 오랜 역사를 통해 수많은 연구와 업적을 탄탄히 쌓아 왔는데, 어떻게 "트럼프라는 인물 때문"이란 이해하기 힘든 변명을 내세우는지 궁금하다. 출마 후보의 독특성 여부가 여론조사의 성패를 좌우하는 상황 말이다. 두 번째 임기 1년에 다다른 트럼프 미국 대통령의 영향력이 우리나라를 비롯해 전 세계적으로 거센 상황이다. 그러나 트럼프가 출마해 당선됐던 두 번의 선거에서 적어도 여론조사에선 당선 가능성이 적다 못해 희박했던 것으로 기억한다. 특히 2016년 첫 번째 당선 때가 그랬다.

어떤 이유에서건 여론조사가 여론을 제대로 읽어내지 못했고, 그래서 미국 국민은 물론 전 세계 국민들이 선거 직전까지 민주당 후보의 대통령 당선을 예상했었다. 카멀라 해리스란 낯선 인물 말이다. 그 이전엔 힐러리 클린턴이란 미국 역사상 최초의 여성 대통령 탄생을 기대하기도 했다. 심리적·사회적·인구학적 변화가 워낙 다양하고 급변하기 때문에 선거 막판까지 유권자의 손가락이 어디로 향할지 가늠하기가 점점 어려워지고 있다.

미국도 그렇지만 우리도 초박빙 선거가 흔해졌다. 여론조사를 통한 선거 예측이 점점 어려울 수밖에 없는 환경이 앞으로도 계속될 것이다. 어쩌면 실제 여론의 왜곡이나 사회적 논란을 유발하는 여론조사의 역설이 일상화되지 않을까 염려스럽다. 모순 속에 함축되어 있는 중요한 진리를 발견하는 경우라면 모르겠지만, '여론조사의 역사 = 선거 예측 실패의 역사'라는 기존 등식에서 언제 벗어날 수 있을지 요원하고 아득하기만 하다.

## 여론조사의 역설

**초판 1쇄 발행 |** 2025년 12월 10일

**지은이 |** 신창운
**펴낸이 |** 이재호
**책임편집 |** 이필태

**펴낸곳 |** 리북(LeeBook)
**등  록 |** 1995년 12월 21일 제2014-000050호
**주  소 |** 경기도 파주시 회동길 50, 4층(문발동)
**전  화 |** 031-955-6435
**팩  스 |** 031-955-6437
**홈페이지 |** www.leebook.com

**정  가 |** 14,000원

ISBN | 978-89-97496-78-5